別冊　問題

大学入試

全レベル問題集
現代文

5　私大最難関レベル

Obunsha

目次

1

評論

『文明のなかの科学』

村《むら》上《かみ》陽《よう》一郎《いちろう》

上智大学

目標解答時間　20分

本冊（解答・解説）　p.16

問題文中における「文化」と「文明」の意味の違いを読みとると同時に、エジプト文明などと一八世紀以降の「文明」の違いを意識しよう。

次の文章を読んで、後の問いに答えよ。

「文明」という言葉の語源となったヨーロッパ語の《civilization》は、一八世紀に造られた語である。ヨーロッパの近代的な科学・技術が、その実体的な姿を現すのが一九世紀であるとすれば、「文明」という概念の誕生と、近代的な科学・技術の形成との間に少なくともある種の歴史的な関連があることを推測してもよいだろう。

実際私は、そこには単に時間的な意味での歴史的関連だけではなく、より構造的で内的な関連があると考えている。言うまでもなく《civil》という語は、ラテン語の《civis》もしくは《civitas》から派生した語で、それらは「市民」あるいは「都市」と関わり合いのある語である。したがって《civilization》を直訳すれば「都市化」あるいは「市民化」ということになろう。しかし、ここで「都市」や「市民」として象徴されているのは究極的には「人為」ということであろう。そして、その「人為」に対置されているのが「自然」である、というのが、

「文明」という概念についての私の基本的な解釈である。

そうだとすると、「文明」という言葉が伝えようとする根本的な原理は「自然の人為化」ということになるだろう。実際、「文明」という言葉が誕生してみると、かつて歴史の遠い過去にも「自然の人為化」を図った例がいくつか見いだされると考えられた。そこで「エジプト文明」、「インダス文明」、「中国文明」あるいは「メソポタミア文明」という表現が使われるようになった。もちろん言うまでもないが、それらは本来は「文化」であって、「文明」ではなかった。

そして再び言うまでもないが、「文化」のヨーロッパ語である《culture》の語源は本来「農耕」である。そして「農耕」は「自然に対する人為の働き掛け」そのものであった。灌漑《かんがい》を利用しての穀物の単品種濃厚栽培と、その収穫物の貯蔵と計画的分配とが農耕社会の特徴であるとすれば、農耕社会つまりは「文化」は、「人為」と「自然」とが対置された上で、「人為」が「自然」を自然のままに放置せず、そこに介入し、手を加える最初の試みであったということができる。

しかし、それと同時に農耕社会は、栽培、貯蔵と分配という、成員の生死に関わる操作へのアクセスの距離に応じた、さまざまな制度や機構、あるいは慣習を、その人間集団のなかに作り出したのであった。そのためには、記録の必要も生まれ、文字や記号の使用もほとんど必然的になる。一般に「社会」という概念は、とりわけそれを人間の集団に限定した上で使う限りでは（つまり、サルの「社会」あるいはアリの「社会」というように、その概念を拡張しないという制約の下では）、こうしたもろもろの体制が具《そな》わった集団に対して、初めて用いられると言ってよく、現在の社会学でも、それを「社会」という概念の基礎においた上で、そこからさまざまな概念の拡張をも許容していると考えられる。そしてまた、そのような「社会」のなかに存在する、宗教的、政治的、経済的、慣習的、言語的、倫理的、美学的……な制度や機構や、それらを支える価値観の総体を「文化」と呼ぶようになった。

したがって、「文明」は「文化」の一形態と言うことができる。しかし、一八世紀のヨーロッパ人にとっては、「文化」ではまだ十分ではなかった。なぜなら、「農耕」という「文化」の形態は、「人為による自然への介入」としては、きわめて不徹底に感じられたからである。農耕は半ば以上自然によって管理されているではないか。どれほど育種学が進歩し、人為淘汰《じんいとうた》が行われても、穀物や野菜は自然の掣肘《せいちゅう》の外にはない。土地も気候も、人間に支配され、管理される部分は少ない。

つまり言い換えれば、「エジプト文明」や「インダス文明」や「メソポタミア文明」は、仮に「文明」という言葉を当て嵌《は》めるにしても、その言葉を生み出した本来の観点から見れば、擬似的、あるいは初期的な段階であって、一八世紀のヨーロッパ（の一部）の人々からすれば、今こそ自分たちの手で、真の「文明」の建設に進むべきときであることになったと考えられる。

したがって「文明」という概念が運ぶイデオロギーは、「人為によるより徹底した自然の管理」を目指すことであった。

こうした「文明」のイデオロギーの背後では、人間が自然から独立し自立するという方向性が強く示唆されている。自然のなかに埋没し、自然の与えるものだけを受け取り、自然が許すものだけで生きていくような、「自然」な人間は、「文明的人間」とは言えない。そうした人間は「野蛮」であり、「未開」である。実際英語でも《uncivilized》と言えば「未開」のことであるし、フランス語では一九世紀から二〇世紀初頭にかけては、つまりその後文化人類学の新しい波が抬頭してきて、「野生」という概念に新しい光を当てるようになるまでは、「自然な」という形容詞《naturel》は《sauvage》つまり「野蛮な」という言葉と同義的に使われたという。

［X］、という命題は、「文明」という概念のなかで育ち、そこでほとんど近代人の強迫観念にさえなった。人間は自然から自立する、自立した上で自然を管理し、支配し、征服し、収奪する。それを「善」と判断するのが「文明」のイデオロギーであるということができるだろう。現在の環境問題の思想的な背景が、ここに淵源《えんげん》することを見るのはたやすいが、その話題は別の機会に譲ることにする。

問一　傍線部１「『文明』という概念」とあるが、筆者の言う「文明」という概念は《civilization》という語からどのようにして生まれたと見なされているか。次の中からもっとも適切なものを一つ選べ。

a　本来の意味が表している内容を象徴化し、対置する概念との関わり合いを明らかにした。

b　本来の意味が表している内容を抽象化し、そうすることで対立する意味を包含した。

c　本来の意味が表している内容を一般化し、対置する概念が象徴するものとの違いを明らかにした。

d　本来の意味が表している内容を前提として、対立する意味に焦点を当てた。

［　］9点

問二　傍線部２「『文明』は『文化』の一形態と言うことができる」とあるが、それはなぜか。その理由としてもっとも適切なものを、次の中から一つ選べ。

a　文明と文化とでは、「自然」に対する人為的な手の加え方の程度が異なるから。

b　「文明」は「社会」を構成する制度や機構、価値観の総体から逸脱していないから。

c 「文明」より「文化」の方が、一八世紀以降、より多くの文脈で問題となるから。

d 社会学で言うところの「社会」という概念が、「文明」ではなく「文化」に関わるから。

9点

問三 傍線部3「その言葉を生み出した本来の観点」とは何か。次の中からもっとも適切なものを一つ選べ。

a 人為と自然とを対置すること。

b 人為と自然との調和をはかること。

c 人為により自然を排除すること。

d 人為により自然を管理すること。

9点

問四 空欄Xに入れるのにもっとも適切な表現を、次の中から一つ選べ。

a 人間は自然と調和しなければならない

b 人間は自然から逃れてはならない

c 人間は自然のままでいてはいけない

d 人間は自然を管理してはいけない

5点

問五 本文の内容に合致しないものを次の中から二つ選べ。ただし、解答の順序は問わない。

a 農耕社会は人間の集団なしには成立せず、必然的にさまざまな制度や価値観を発達させ「文化」の形成をもたらしてきた。

b 農耕は自然への働き掛けなしには成立しないが、「文明」が求めるような徹底さは本来もっていなかった。

c　科学技術なしで自然を管理することはできないが、だからといって遠い過去の諸文明を真の文明と見なさなかったのは誤りである。

d　現在の環境問題の思想的な背景は、一八世紀に「文化」と「文明」とが明確に区別されて使われるようになったことに関係がある。

e　人間が自然から独立し自立する方向へ向かい始めたのは、「文明」が「文化」から概念的に独立した時期に合致している。

f　一八世紀においては「自然」と「科学技術」との関係は、「文化」と「社会」との関係にほぼ平行していた。

9点×2

50点

〔出典：村上陽一郎『文明のなかの科学』（青土社）〕

2

評論

「『好きなこと』とは何か？」

國《こく》分《ぶん》功《こう》一《いち》郎《ろう》

同志社大学

目標解答時間　**30分**

本冊（解答・解説）　**p.26**

現代人が「豊かさ」を楽しむことができないのはなぜなのか？をしっかり理解しよう。

次の文章を読んで、後の問いに答えよ。

人類の歴史のなかにはさまざまな対立があり、それが数えきれぬほどの悲劇を生み出してきた。だが、人類が豊かさを目指して努力してきたことは事実として認めてよいものと思われる。人々は社会のなかにある不正や不便と闘ってきたが、それは社会をよりよいものにしようと、少なくとも建前としてはそう思ってきたからだ。

しかし、ここに不可解な逆説が現れる。人類が目指してきたはずの豊かさ、それが達成されると逆に人が不幸になってしまうという逆説である。（中略）

人類は豊かさを目指してきた。なのになぜその豊かさを喜べないのか？　以下に続く考察はすべてこの単純な問いを巡って展開されることとなる。

人間が豊かさを喜べないのはなぜなのだろうか？　豊かさについてごく簡単に考察してみよう。

国や社会が豊かになれば、そこに生きる人たちには余裕がうまれる。その余裕にはすくなくとも二つの意味がある。

一つ目はもちろん金銭的な余裕だ。人は生きていくのに必要な分を超えた量の金銭を手に入れる。稼いだ金銭をすべて生存のために使い切ることはなくなるだろう。

もう一つは時間的な余裕である。社会が富んでいくと、人は生きていくための労働にすべての時間を割く必要がなくなる。そして、何もしなくてもよい時間、[a]暇を得る。

では、続いてこんな風に考えてみよう。富んだ国の人たちはその余裕を何に使ってきたのだろうか？　そして何に使っているのだろうか？

「富むまでは願いつつもかなわなかった自分の好きなことをしている」という答えが返ってきそうである。

[b]そうだ。金銭的・時間的な余裕がない生活というのは、あらゆる活動が生存のために行われる、そういった生活のことだろう。生存に役立つ以外のことはほとんどできない。ならば、余裕のある生活が送れるようになった人たちは、その余裕を使って、それまでは願いつつもかなわなかった何か好きなことをしている、と、そのように考えるのは当然だ。

[c]今度はこんな風に問うてみよう。その「好きなこと」とは何か？　やりたくてもできなかったこととはいったい何だったのか？　いまそれなりに余裕のある国・社会に生きている人たちは、その余裕を使って何をしているのだろうか？

こう問うてみると、これまでのようにはすんなりと答えが出てこなくなる。もちろん、「好きなこと」なのだから個人差があるだろうが、いったいどれだけの人が自分の「好きなこと」を断定できるだろうか？

土曜日にテレビをつけると、次の日の日曜日に時間的・金銭的余裕をつぎ込んでもらうための娯楽の類を宣伝する番組が放送されている。その番組を見て、番組が勧める場所に行って、金銭と時間を消費する。さて、そうする人々は、「好きなこと」をしているのか？　それは「願いつつもかなわなかった」ことなのか？

「好きなこと」という表現から、「趣味」という言葉を思いつく人も多いだろう。趣味とは何だろう？　辞書によれば、趣味はそもそもは「どういうものに美しさやおもしろさを感じるかという、その人の感覚のあり方」(強調は引用者)を意味していた(『大辞泉』)。これが転じて、「個人が楽しみとしている事柄」を指すようになった。ところがいまでは「趣味」をカタログ化して選ばせ、そのために必要な道具を提供する企業がある。テレビCMでは、子育てを終え、亭主も家にいる、そんな年齢の主婦を演じる女優が、「でも、趣味ってお金がかかるわよね」とつぶやく。すると（　ア　）、「そんなことはありません！」とナレーションが入る。カタログから「趣味」を選んでもらえれば、必要な道具が安くすぐに手に入ると宣伝する。

さて、カタログからそんな「その人の感覚のあり方」を選ぶとはいったいどういうことなのか？

最近他界した経済学者ジョン・ガルブレイス［１９０８―２００６］は、二〇世紀半ば、一九五八年に著した『ゆたかな社会』でこんなことを述べている。

現代人は自分が何をしたいのかを自分で意識することができなくなってしまっている。広告やセールスマンの言葉によって組み立てられてはじめて自分の欲望がはっきりするのだ。自分が欲しいものが何であるのかを広告屋に教えてもらうというこのような事態は、一九世紀の初めなら思いもよらぬことであったに違いない。

経済は消費者の需要によって動いているし動くべきであるとする「消費者主権」という考えが長く経済学を支配していたがために、A自分の考えは経済学者たちから強い抵抗にあったとガルブレイスは述べている。つまり、消費者が何かを必要としているという事実（需要）が最初にあり、それを生産者が感知してモノを生産する（供給）、これこそが経済の基礎であると考えられていたというわけだ。

ガルブレイスによれば、そんなものは経済学者の思い込みにすぎない。だからこう指摘したのである。高度消費社会──彼の言う「ゆたかな社会」──においては、供給が需要に先行している。いや、それどころか、供給側が需要を操作している。つまり、生産者が消費者に「あなたが欲しいのはこれなんですよ」と語りかけ、それを買わせるようにしている、と。

いまとなってはガルブレイスの主張はだれの目にも明らかである。消費者のなかで欲望が自由に決定されるなどとはだれも信じてはいない。欲望は生産に依存する。生産は生産によって満たされるべき欲望を作り出す。

ならば、「好きなこと」が、消費者のなかで自由に決定された欲望にもとづいているなどとは到底言えない。私の「好きなこと」は、生産者が生産者の都合のよいように、広告やその他手段によって作り出されているかもしれない。もしそうでなかったら、どうして日曜日にやることを土曜日にテレビで教えてもらったりするだろうか？　どうして趣味をカタログから選び出したりするだろうか？

こう言ってもいいだろう。「ゆたかな社会」、すなわち、余裕のある社会においては、たしかにその余裕は余裕を獲得した人々の「好きなこと」のために使われている。しかし、その「好きなこと」とは、願いつつもかなわなかったことではない。

問題はこうなる。そもそも私たちは、余裕を得た暁《あかつき》にかなえたい何かなどもっていたのか？

すこし視野を広げてみよう。

二〇世紀の資本主義の特徴の一つは、文化産業と呼ばれる領域の巨大化にある。二〇世紀の資本主義は新しい経済活動の領域として文化を発見した。

もちろん文化や芸術はそれまでも経済と切り離せないものだった。芸術家だって〔　イ　〕生きているわけではないのだから、貴族から依頼を受けて肖像画を描いたり、曲を作ったりしていた。芸術が経済から特別に独立していたということはない。

けれども二〇世紀には、広く文化という領域が大衆に向かって開かれるとともに、大衆向けの作品を操作的に作り出して大量に消費させ利益を得るという手法が確立された。そうした手法にもとづいて利益をあげる産業を文化産業と呼ぶ。

文化産業については厖大《ぼうだい》な研究があるが、そのなかでも最も有名なものの一つが、マックス・ホルクハイマー［1895―1973］とテオドール・アドルノ［1903―1969］が一九四七年に書いた『啓蒙《けいもう》の弁証法』である。

アドルノとホルクハイマーはこんなことを述べている。文化産業が支配的な現代においては、消費者の感性そのものがあらかじめ製作プロダクションのうちに先取りされている。

どういうことだろうか？　彼らは哲学者なので、哲学的な概念を用いてこのことを説明している。すこし嚙《か》み砕いて説明してみよう。

彼らが利用するのは、一八世紀ドイツの哲学者カント［1724―1804］の哲学だ。B カントは人間が行う認識という仕組みがどうして可能であるのかを考えた。どうやって人間は世界を認識しているのか？　人間はあらかじめいくつかの概念をもっている、というのがカントの考えだった。人間は世界をそのまま受け取っているのではなくて、あらかじめもっていた何らかの型（概念）にあてはめてそれを理解しているというわけだ。

たとえば、たき火に近づけば熱いと感じる。このとき人は、「炎は熱いから、それに近づくと熱いのだ」という認識を得るだろう。この「から」にあたるのが、人間があらかじめもっている型（概念）だ。この場合には、原因と結果を結びつける因果関係という概念である。因果関係という型があらかじめ頭のなかにあるからこそ、人は「炎は熱いから、それに近づくと熱いのだ」という認識を得られる。

もしもこの概念がなければ、たき火が燃えているという知覚と、熱いという感覚とを結びつけることができない。単に、「ああ、たき火が燃えているなぁ」という知覚と、「ああ、なんか顔が熱いなぁ」という感覚があるだけだ。人間は世界を受け取るだけでない。それらを自分なりの型にあてはめて、主体的にまとめ上げる。一八世紀の哲学者カントはそのように考えた。そして、人間にはそのような主体性が当然期待できるのだと、カントはそう考えていた。

アドルノとホルクハイマーが言っているのは、カントが当然と思っていたこのことが、いまや当然ではなくなったということだ。人間に期待されていた主体性は、人間によってではなく、産業によってあらかじめ準備されるようになった。産業は主体が何をどう受け取るのかを先取りし、あらかじめ受け取られ方の決められたものを主体に差し出している。

もちろん熱いモノを熱いと感じさせないことはできない。白いモノを黒に見せることもできない。当然だ。だが、それが熱いとか白いとかではなくて、「楽しい」だったらどうだろう？ 「これが楽しいってことなのですよ」というイメージとともに、「楽しいもの」を提供する。たとえばテレビで、ある娯楽を「楽しむ」タレントの映像を流す。その翌日、視聴者に金銭と時間を使い、その娯楽を「楽しんで」もらう。私たちはそうして自分の「好きなこと」を獲得し、お金と時間を使い、それを提供している産業が利益を得る。

「好きなこと」はもはや願いつつもかなわなかったことではない。それどころか、そんな願いがあったかどうかも疑わしい。願いをかなえる余裕を手にした人々が、今度は文化産業に「好きなこと」を与えてもらっているのだから。

ならば、どうしたらいいのだろうか？

いまアドルノとホルクハイマーを通じて説明した問題というのはけっして目新しいものではない。それどころか、大衆社会を分析した社会学の本には必ず書かれているであろう月並みなテーマだ。

資本主義の全面展開によって、少なくとも先進国の人々は裕福になった。そして暇を得た。だが、暇を得た人々は、その暇をどう使ってよいのか分からない。何が楽しいのか分からない。自分の好きなことが何なのか分からない。

そこに資本主義がつけ込む。文化産業が、既成の楽しみ、産業に都合のよい楽しみを人々に提供する。かつては労働者の労働力が搾取されていると盛んに言われた。いまでは、むしろ労働者の暇が搾取されている。高度情報化社会という言葉が死語となるほどに情報化が進み、インターネットが普及した現在、この暇の搾取は資本主義を牽引《けんいん》する大きな力である。

(一) 空欄 a ～ c に入る語句として適当なものを、次のうちからそれぞれ一つ選び、その番号を記せ。

1 たしかに　2 なのに　3 なぜなら　4 ならば　5 せめて　6 すなわち　7 もし

a	b	c

3点×3

2

(二) 空欄〔　〕ア・イに入る語句として適当なものを、次のうちからそれぞれ一つ選び、その番号を記せ。

ア　1 清濁を併せ呑んで　2 間髪を容れず　3 破竹の勢いで
　　4 進退窮まって　5 肝胆相照らして

イ　1 パンのみのために　2 まなじりを決して　3 畳の目を数えて
　　4 霞を食って　5 手を携えて

ア	イ

4点×2

(三) 傍線部Aについて、ガルブレイスの考えが「経済学者たちから強い抵抗にあった」のはなぜか。適当なものを、次のうちから一つ選び、その番号を記せ。

1 資本主義発生以前の一九世紀では、広告やセールスマンの言葉によって組み立てられる欲望は無かったから。
2 一九世紀の初めでは、消費者の個別の注文を受け、生産者がモノを生産する「消費者主権」が、正当性をもっていたから。
3 消費者の需要がまずあって、生産者がそれを感知して供給するという考え方が、経済学を支配していたから。
4 消費者の需要によって経済は動いているとする経済学者に、生産者の都合を優先する考えが受け入れられなかったから。
5 「ゆたかな社会」、すなわち、余裕のある社会の到来は、経済学者ガルブレイスの思い込みにすぎなかったから。

6点

㈣ **傍線部Bについて、カントの考える「認識という仕組み」の説明として、適当なものを、次のうちから一つ選び、その番号を記せ。**

1 人間は、あらかじめもっている世界認識という型を現象にあてはめて、主体性を発揮する。
2 因果関係という概念は、「炎」と「熱」の場合には説明が可能だが、「楽しい」の場合には不可能になる。
3 人間は、原因と結果を結びつける因果関係という概念を働かせて、知覚から感覚を導き出す。
4 因果関係という概念のうち、「から」にあたる型を現象にあてはめることで、世界を受け取る主体性が期待される。
5 人間は、あらかじめもっている概念にあてはめて世界を理解し、主体的にまとめ上げる。

6点

㈤ **本文の内容に合致するものを、次のうちから二つ選び、その番号を記せ。ただし、解答の順序は問わない。**

1 国や社会が豊かになれば、人々に金銭的な余裕と時間的な余裕が生まれる。
2 余裕のある国・社会に生きている人たちは、あらゆる活動が生存のために行われる生活を忘れている。
3 娯楽の類を宣伝する番組は、趣味をカタログから選びやすいように配慮した、企業の好意に基づいている。
4 「趣味」を「その人の感覚のあり方」と説く辞書の定義は、今日では無効になっている。
5 二〇世紀には、文化という領域が大衆に向かって開かれ、文化産業が巨大化した。
6 いつの時代でも、文化や芸術は経済の支配下にある。

6点×2

(六) 傍線部について、「いまでは、むしろ労働者の暇が搾取されている」のはなぜか、説明せよ（句読点とも四十字以内）。

9点

50点

［出典：國分功一郎「『好きなこと』とは何か？」／『暇と退屈の倫理学』（朝日出版社）所収］

3

評論

『ソロモンの歌』

吉田秀和《よしだひでかず》

早稲田大学　政治経済学部

目標解答時間　30分

本冊（解答・解説）　p.36

固有名詞に惑わされずに、文化の伝統と芸術や私たちの生活とが密接に絡んでいる、という論旨を読みとろう。

次の文章を読んで、後の問いに答えよ。

私の考えでは、芸術というものは、ある時理論を学べば、あとは芸術家の個性にしたがって創作すればよいというものでもなければ、どだいそんなことは、できないものだと思う。芸術家は、理論を習うよりまえに、幼い時、もっと根本的な体験をしており、そのあとで、いつか、ある芸術作品に 1ショクハツされて、芸術家の魂を目覚まされ、そこでそれを手本にとり、理論を学びながら、最初の試みにとりかかるというものだと思う。そうして、彼の成長とか円熟とかいうものは、根本的な体験につながる表現にだんだん迫ってゆくという順序を踏むのではないか。この最初の手本が何であるかは、その芸術家の一生を支配する。日本の芸術家にとって、それがピカソかゴッホだったり、モーツァルトかヴァーグナーだったり、チェーホフかシェイクスピアだったりしたとしても、私に何も異議を訴える筋はない。ただ、そういう時、彼のもっと幼い時の根本的な体験と、西洋の大芸術との間の距離はずいぶん広いはずだろうから、後年それを埋めるのは並大抵のことではあるまいと、最近、気がついてきたのである。手本が低ければよかったろうというのでもない。しかしベートーヴェンもシェイクスピアも、私たちのとはひどくちがった文化から生まれ、それと複雑にからみあった芸術である。 A だが、わかるとか楽しめる、同感できるとかいうことと、創造の根源につながるということとは、微妙にからみあっているが、ちがう次元に属する。これを明らかにすることは、理論家にとっても研究家にとっても、そうして私たち芸術に関心のある文筆業者にとっても、いちばん大切な仕事に属するだろう。バッハ、モーツァルトとヴァーグナーをもつドイツ人音楽家、モンテヴェルディと民謡をもつイタリア人、リュリとドビュッシーをもつフランス人、チャイコフスキーともしかしたらその前にグリンカをもったロシア人音楽家たち、これは彼らの幸福であり、ときには不幸かもしれない。こういう人びとがいたということが、のちにくる数世紀のそれぞれの国の芸術を決定づけるのだから。(中略)

どういう文化も、そういうことからは逃れがたいのである。そうして、それは芸術家の創作ばかりでなく、街の人、市民の感受性の規制にまでおよんでゆく。ヨーロッパに行くごとに思うのだが、南欧の人びとはよく知らないから別としても、スカンジナビア、ドイツからオーストリア、スイス、オランダ、といった国々で、花瓶に生けてある花の束をみれば、それがどれもこれも、根本的には、十六世紀ネーデルランド画派の天才、ブリューゲル老のあの素晴らしい花の絵にそっくりの構成をもっている。ブリューゲルの花の絵は、後にくる絵画の流れに大きな影響をおよぼし、それにつづく十七、八世紀の画家たちの、花瓶に生けた花束の絵の B となったといってもよいのだろうし、この種の絵は各都市の美術館に行けばいっぱいある。そうして、現代のヨーロッパ人たちが、まるっきり、こういう絵を見ないで育ったというのは考えられないことだ。ただ、彼らが今花を生けるとしても、そういう絵を思い出してするかどうかは疑わしい。ところが、そうであるにせよ、そうでないにせよ、彼らは花を生けるとなったら、この四百年前のブリューゲルから少なくとも二百年前までレンメンと伝わった絵画の伝統にみられる生け方をしてしまうのである。私は、こういった例をほかにも数多くあげることができる。しかし、もっと手近の例でいえば、逆に、私たちの国では、有名な料亭はもちろん、ちょっとした郊外の小料理店の片隅をみても、花が生けてあるが、そのスタイルは、ヨーロッパのものとは断然ちがう審美感と C によっている。私はこの何世紀も伝わってきたにちがいない日本の生け花の B がどこにあるか知らない。（中略）それはブリューゲル派の華麗にして重層的な生け方とはまるでちがう。むしろそれは、少ない材料を巧みに配して、花と茎で輪郭づけてはいるが、本来はその花たちと同じくらい、それがとりのこし、埋め残した空間の拡《ひろ》がりを楽しむためにあるように見られる。もしそれを詩と呼ぶなら、この詩は、語られず、語られえないものの存在を暗示するために、僅かな言葉を使って組みたてられた詩である。日本人がこれ以外の花の生け方ができないというのではない。日本人なら、いわゆる心得のない人が自己流でやっても、こういう生け方に導かれ、それをみる場合も楽しむことを知っているといっているのである。そうして、これは、ある時、日本の自然の《草の根》を熟視して扱っているうちに、その D を見抜いた人の手で芸術として純粋化させられて、一つの E に達し、その後の何世紀にわたる私たち日本人の花の生け方に関する根本的なものを規定し支配しつづけているということを示している、といいたいのである。

　一つの文化の生命というのは、こういう形で持続する。私たちの生活と思考法には、いまでも、そういう実例が無数にあるにちがいない。それが日本の文化である。私たちのあるものは、そのうちのあるものに不満であり、それから抜けだし、それと戦い、もっと別のものに到達したいと望む。当然のことである。何ものも完全ではないのだから。だが、その自己革命を西洋のモデルに従ってやるのは、くり返すが、容易なことではない。私も西洋のもので好きなものがたくさんある。だが、好きなものの好きな所以《ゆえん》が、だんだんわかるにつけて、ますます、それを私たちが自分のものにするのはむずかしいと考えないわけにはゆかない。

F それには、自分を根本的に検討し、再組織する必要があるだろう。明治維新は日本の歴史の中での、最も大がかりにそういう事業を行なった最近の例である。そうして私たちは、今もなお、百年前に着手したこの大事業の継続の過程の中にいる。

だが、わかりきったことだが、私たちがこの事業に着手し、継続してゆかれるのは、私たちがすでに何かであり、何かをやりとげようとする意志と力をもっていたからである。自己革命と再組織の仕事は、その私たちの内容と力によって規制され、私たちはまたその自己改革の成果によって変えられてゆく。生け花の変遷はその一つの例であり、東京の変貌はまた別の一つの例である。

西洋に行ってみて、花の生け方と同じくらい、私にはっきり見えることの一つは、西洋のいろいろな国の人びとが、自分たちの歴史について、その中からある選択をして、私たちの国はこういうものであると考え、それを自分たちの生活を支え動かしてゆく情熱と理想の根本としている点である。彼らの歴史というものも、拾えば、それと矛盾する事実がいろいろと出てくるだろうに、彼らはその中から、選択をして、自分たちとその歴史を語り、将来を形づくる目標とする。

そういう態度をみていると、私は本居宣長《もとおりのりなが》を思い出さずにいられない。宣長も数多くの日本の中から、あるものをとりだし、それを日本だといい、それに矛盾するものを斥《しりぞ》けたのではなかったろうか。それはまた、数多くの日本の可能性の中から将来に向かっての選択をしたということになる。千年の歴史をもっている以上、日本は一つであって、かつ、一つではないはずである。その中のどういうものが、いつはじまって、現在の日本の根幹をつくってきているかを見分けるのは学者の仕事であると同時に、私たちの今の生活の意味でもあるだろう。

問一　傍線部１・２のカタカナを漢字に直し、楷書で正確に書け。

1	
2	

２点×２

問二　空欄 A に入る文章として最も適当なものを、次のイ〜ホの中から選び、答えよ。

イ　私たちはそれがわからなくても魅了され、やがて、それをわかろうと自らすすんで努力するものである。

ロ　それは私たちにとって、わかるともわからないとも、なんともいえないが、それにもかかわらず、私たちはそれを楽しむことができる。

ハ　とはいえ、それが私たちにもそれなりにわかるのは、人間の感受性や審美感というものは普遍的であり、国境をもたないからだ。

ニ　それは私たちにわからないとはいえないどころか、私たちに強烈に訴えかけ、私たちを心の底から揺すぶり、魅了しつくす力に満ちている。

ホ　それは本来わからないものであって、わかったつもりになっているのは、ただ情緒的に揺すぶられて魅了されたのを、わかったと誤解しているのである。

問三　空欄 B 〜 E に入る語句として最も適当なものを、それぞれ次の中から選べ。ただし同じものを二度用いてはならない。

イ　原型　ロ　造型　ハ　本質　ニ　典型　ホ　原理

B	
C	
D	
E	

2点×4

4点

問四　筆者はこの文章において、なぜ生け花を例にとってヨーロッパと日本を比べることをしたのか、その理由として最も適当なものを、次のイ〜ホの中から選び、答えよ。

イ　生け花の例はヨーロッパと日本とのちがい、すなわち日本文化の独自性を際立たせるのに好適であるから。

ロ　ヨーロッパでも日本でも、人々は花を生けることによって知らず知らず自然と文化の接点を知ることになるから。

ハ　生け花の例によって、ヨーロッパの家庭と日本の料亭または小料理店という対比が思いがけなくあぶりだされて興味深いから。

ニ　私たちに身近な生け花を例にとれば論旨が理解しやすくなるし、またそのことによってヨーロッパと日本の距離が近く感じられるから。

ホ　ヨーロッパと日本の生け花のスタイルは、ちがう審美感によっているにもかかわらず、文化の持続性を理解させてくれる点において同じだから。

□
6点

問五　傍線部Fで、筆者が「自分を根本的に検討し、再組織する必要がある」と述べる理由として最も適当なものを、次のイ～ホの中から選び、答えよ。

イ　好きといっているだけでは表面的な反応にすぎず、ほんとうにわかり、楽しみ、同感するためには、自己改革をする必要があるから。

ロ　自分が成長し発展してゆくためには、好きなことだけをやっていてはだめで、自分にないものを自覚して、自己改革をする必要があるから。

ハ　文化の創造のためには、単なる好ききらいのレベルでものをいってはならず、より本質的なものに目をそそいで、自己改革をする必要があるから。

ニ　好きなものは、ちがった文化から生まれ、その文化と複雑にからみあっているので、それを自分のものとするためには、自己改革をする必要があるから。

ホ　好きなものにふれて満足するだけではだめで、それをほんとうに自分のものとするためには、知性や感性だけではなく意志の力をもって、自己改革をする必要があるから。

6点

問六　問題文における筆者の見解と合致するものを、次のイ～ホの中からすべて選び、答えよ。ただし、解答の順序は問わない。

イ　ちがった文化から生まれた芸術作品に感動するのは、自国の文化を創造する上で生産的ではない。

ロ　私たちが日常生活のなかで働かせている感受性や審美感の根は、しばしば芸術的天才の創造につながっているものである。

ハ　芸術は私たちの日常の生活や思考法から切り離されたところに成立する純粋な形式であり、だから逆に私たちの生活に刺激を与えることができる。

ニ　文化の創造のためには、まず過去に学び、与えられた可能性を探るべきであり、安易に自己革命のモデルを他の文化に求めるのは避けるべきである。

ホ　創造の根源にあるものは、幼い時ほとんど無意識的に深く体験されているものであって、それは場合によっては、わかるものでも、楽しめるものでも、同感できるものでもないかもしれない。

完答12点

問七　筆者は本居宣長をどのような人物だと見なしているか。三十字以上四十字以内で記せ。その際、次の条件に従うこと。

一、句読点は符合なども字数に数えること。

二、文頭の一マス目を空けないこと。

10点

50点

［出典：吉田秀和『ソロモンの歌・一本の木』（講談社）］

4 評論

『ポストモダンの正義論』

仲正昌樹《なかまさまさき》

青山学院大学

目標解答時間 25分

本冊(解答・解説) p.48

「大きな物語」と「(小)物語」、の意味をしっかり区別して読もう。

次の文章を読んで、後の問いに答えよ。

ポストモダン化する社会は、近代的主体たちの偏執病(パラノイア)的な努力の帰結としての「進歩」の意味が揺らぎ始める社会でもある。何が人間にとって「良いこと」なのかを一義的に確定できないとすると、社会全体あるいは人類全体にとっての〝進歩〟を有意味に定義することができなくなる。ポストモダン的な価値の多様化は、諸個人をより〝自由〟にするように見える反面、その〝自由〟を支えていた「進歩」への〝信仰〟を内側から解体し始めたのである。

ポスト工業化、ポストモダン化に伴って、(人類あるいは世界史の)「進歩」という考え方が曖昧になり始めると、もともと「進歩」と表裏一体の関係にあった「歴史」という概念自体も揺らいでくる。西欧諸国の言語において、「歴史」と「物語」は同じ単語で表されており、近代以前には概念的にも未分化であった。虚構や幻想を含まず、客観的に観察し得る普遍的な発展法則に従って進行していく「物語」が「歴史」と呼ばれるようになったわけだが、その発展法則なるものがあやしくなってくると、「歴史」と「物語」の概念的区分も曖昧になってくる。

人々のアイデンティティ、価値観、世界観が分散化するポストモダン状況においては、「近代」を支えてきた「理性」「合理性」「主体性」「客観性」「合法則性」「普遍性」「進歩」――といった主要な理念の有効性が疑問にフされ、それらが実は、近代的に主体化された者たちの約束事として通用しているだけの虚構あるいは共同幻想ではないのか、と疑われるようになる。「歴史」と「物語」を隔てる基準になっていた〝客観性〟や〝合理性〟〝普遍性〟などは、西欧人たちが作り出した「近代」という壮大な共同幻想の所産であるということになれば、両者の差異はもともと絶対的なものではなく、「歴史」とは「大きな物語」にすぎなかったのではないかと思えてくる。

ポストモダン系の思想では、ポストモダン化した社会において「歴史（＝大きな物語）」は再び「(小)物語」化していき、「(小)物語」同士が乱立するようになることがしばしば話題になる。「歴史」の再物語化は、ヘーゲル＝マルクス的な意味での「歴史哲学」もしくは「歴史の目的論」の終焉《しゅうえん》をも意味する。この方面での代表的な論者は、哲学者のジャン＝フランソワ・リオタール［一九二四―九八］だろう。

リオタールは、ポストモダン社会の特徴をコンパクトに叙述したことで知られる『ポスト・モダンの条件』で、近代以前の伝統社会における「物語的知」の社会的機能と、近代における「科学的知」のそれとの違いを論じている。社会の中で生きている人間は、言語によって約束事を決め、さまざまなゲームを行っており、それらのゲームの規則によって生活のすべてとは言わないまでもかなりの部分が規定されている。「物語的知」も「科学的知」も、そうした言語ゲームによって構成されている。

「物語（語り）」というのは、文化や慣習を共有する共同体の中で神話や伝説などの形で「太古」より語り伝えられ、各人をその共同体に統合したり、正しい行為のための判断基準を提供したりするお話であり、「物語的知」とは、そうした「物語」に根差した民衆の知である。それに対して「科学的知」は、それぞれの領域において普遍的真理を探究する科学者という専門家集団によって担われるものであり、決まった作法に従って自らの主張の「正統性」を証明しようとするとともに、証明された内容を教育によって伝承したり、一般の人に向けて「啓蒙《けいもう》」しようとしたりする。こうした科学的知が社会全体に次第に蓄積されていくプロセスが「 A 」である。

近代市民社会は、一見すると「物語的知」を解体して、「科学的知」に置き換えているように見える。しかしリオタールに言わせれば、「科学的知」が自らの「正統性」を討議を通して明らかにしたり伝達したりするためには、何らかの形で「物語」に、つまり「科学的知」の尺度からすれば「非知」でしかないものに依拠せざるを得ない。科学的証明の手続きとして専門家の間で通用しているものが、どうして「正統」と言えるのか、その専門家の共同体のゲームの規則を共有していない外部の相手に説明しようとする場合、その〝正統性〟の基準それ自体を、科学的に〝証明〟することはできない。例えば、「実験することによって、自然科学の仮説を検証することができる、と考えることができるのはどうしてか？」という問いに、（その前提に依拠している）自然科学自体によって究極の答えを与えることはできない。「科学的知」もまた人間同士の言語ゲームであり、具体的な言語的やりとりを通じて人々を納得させることが必要であるとすれば、みんなが（慣習的・無自覚的に）共有している物語の構造を利用することが不可避なのである。

（啓蒙が進行し、さまざまな価値観や視点を持つ人が「科学的知」の正統性をめぐって争う）ポストモダン状況においては、「科学的知」もまた、ある種の――例えば科学崇拝、普遍的理性崇拝といった形を取る――〝物語〟的な慣習によって支えられていたことが露呈し、その〝物語〟に依拠することのメタレベルでの正統性が問われるようになる。「科学的知」が十分に浸透したおかげで、「科学的知」の権威を素直に受け止める人が［B］、という弁証法的逆転が起こるわけである。

今日の文化・社会――すなわちポスト・インダストリーの社会、ポスト・モダンの文化――においては、知の正統化についての問いは全く別の言葉によって表わされなければならない。大きな物語は、そこに与えられた統一の様態がどのようなものであれ、つまり思弁的物語であれ、解放の物語であれ、その信憑性《しんぴょうせい》をすっかり喪失してしまっているのである。

5 物語のこのような衰退のうちに、第二次世界大戦後の技術・テクノロジーの飛躍的発展の影響を見ることもできる。テクノロジーの発展は、行動の目的から行動の手段へとアクセントを移動させてしまったのだ。そしてまた、一九三〇年から一九六〇年にかけて、ケインズ主義の庇護《ひご》のもとに、危機から立ち直った自由主義的資本主義の再発展の影響を見ることもできる。この資本主義の復活は共産主義への選択の可能性を排除し、富とサービスの個人的享受に価値を与えるのである。

（『ポスト・モダンの条件』）

ポスト工業社会に生きる人々は、工業社会の人たちと違って、進歩をみんなにとっての共通「目的」として懸命に追求する――という物語に従う――のではなく、むしろそれぞれの個人としての生活を豊かにする手段としてテクノロジーを利用するようになる。「手段」としてのテクノロジーは、人々が自分なりの生活スタイルを追求するのを助けてくれる。特に情報テクノロジーの発達によって人々は、自分の価値観に基づいて情報収集をしながら、自らの生き方に合う「物語」をそれぞれのやり方で想像し、互いの「物語」を交換する——あるいは互いの「物語」を闘わせる——ことができるようになる。

問一　二重傍線部ａ「フされ」のカタカナ部分を漢字に直すとき、最適なものを次のア～オから選べ。

ア　伏　　イ　付　　ウ　浮　　エ　服　　オ　賦

2点

問二　二重傍線部ｂ「担われる」の漢字の読みをひらがなで記せ。

2点

問三　傍線部１「近代的に主体化された者たち」と内容的に重なるのはどれか。最適なものを次のア〜オから選べ。

ア　ポスト工業社会に生きる人々
イ　社会の中で生きている人間たち
ウ　さまざまな価値観や視点をもつ人々
エ　文化や慣習を共有する共同体の構成員
オ　「近代」社会共通の価値観を共有する人々

6点

問四　傍線部２「『歴史（＝大きな物語）』は再び『（小）物語』化していき」とあるが、主な理由とされているのは何か。最適なものを次のア〜オから選べ。

ア　歴史の再物語化
イ　「物語的知」への回帰
ウ　西欧人主導の「近代」化
エ　「歴史哲学」もしくは「歴史の目的論」の終焉
オ　人々のアイデンティティ、価値観、世界観の分散化

6点

問五　傍線部３「『物語的知』の社会的機能」を具体的に説明した箇所を本文から四十字以内で抜き出し、最初と最後の五字を記せ（句読点も一字に数える）。

〜

6点

問六　空欄 A に入れるのに最適な語を次のア〜オから選べ。

ア　進歩
イ　啓蒙
ウ　共同幻想
エ　歴史の再物語化
オ　ポストモダン化

6点

問七　傍線部４「何らかの形で『物語』に～依拠せざるを得ない」とあるが、その理由はなぜか。最適なものを次のア～オから選べ。

ア　専門家の共有する「科学的知」もまた人間同士の言語ゲームにほかならず、「物語的知」を解体して構築されてきたものであるから

イ　太古から伝承されてきた民衆の知ともいうべき「物語的知」には、専門家集団の共有する「科学的知」の及ばない説得力があるから

ウ　専門家の規則を共有していない人々を説得させるためには、人々が慣習的に持っている知の構造に置換して説明する以外に方法がないから

エ　一般の人に向けての「啓蒙」活動は、慣習的な民衆の知である「物語的知」を完全に解体し、「科学的知」に置き換えるまでには至っていないから

オ　「科学的知」も「物語的知」も、それぞれ単独では自らの「正統性」を立証する方法を持ち合わせておらず、両者が協同することが必要であるから

8点

問八　空欄 B に入れるのに最適なものを次のア〜オから選べ。

ア　飛躍的に増加する
イ　わずかに減少する
ウ　まったくいなくなる
エ　かえって少なくなる
オ　徐々に増加していく

6点

問九　傍線部5「物語のこのような衰退のうちに〜見ることもできる」とあるが、本文の筆者はこれをどのように捉えているか。最適なものを次のア〜オから選べ。

ア　自由で豊かな精神生活をもたらし、その結果、それまで人々が慣習的に共有してきた「物語的知」に対する信頼性が失われていった。
イ　人々の生活を豊かにする手段としてのテクノロジーが飛躍的に発達し、その結果、物語に対する関心が急速に失われていった。
ウ　テクノロジーの成果を個別に享受する方向に人々の行動様式を変化させ、その結果、人々の価値観は分散化し、「大きな物語」は「(小)物語」化していった。
エ　テクノロジー、特に情報テクノロジーの発達は、それぞれの個人の生き方に合った「物語」の創出を促し、その結果、かつての「物語」は再び活況を呈するようになった。

オ　情報テクノロジーの発達は、ポスト工業化の壁に突き当たっていた物語それぞれの問題点を明らかにし、その結果、逆に、それらの物語の解体を遅らせた。

8点

50点

［出典：仲正昌樹『ポストモダンの正義論――「右翼／左翼」の衰退とこれから』（筑摩書房）］

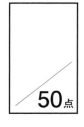

5

評論

『日本文化と個人主義』

山崎正和《やまざきまさかず》

早稲田大学　商学部

目標解答時間　30分

本冊（解答・解説）p.58

大正時代後半のインテリとエリートの対比と、そのエリートと明治時代のエリートとの対比をきちんと読みとろう。

次の文章を読んで、後の問いに答えよ。

明治から大正の前半にかけて、日本の知的社会の構造は単純であって、ひと握りのエリートと大多数の大衆に二分されるだけであった。もちろん、知的な階層性は経済的な階級性とは異なり、上下の差は漸層的なものであって、かなりの程度に主観的な要素によって作り出される。経済的な力とは違って、知的な優越性は個人の努力によって達成されやすいし、実際、日本の近代化の過程で知的なエリート、あるいはエリートだと自認する人間の数は着実に増えて来た。しかし、この過程を支配していたのはあくまでも二極対立的な価値観であり、一方にエリート、他方に大衆、いいかえれば「学界」と草の根層を対置する単純な社会の構図であった。

これにたいして、大正後期に始まった知識社会の急激な膨張、いいかえれば、知的な階層性の急速な曖昧化は、A皮肉なことに、知識人のあいだにかえって主観的な階層性の意識を増大した。本来、エリートとは定義上、選ばれた少数者のことであるから、その数が膨張することはエリートの存在根拠そのものを危うくする。そのさい、膨張したエリート階層のなかに新たな区別の意識が芽ばえ、純粋なエリートとそれに準ずる人間を階層化しようとするのは、自然な心理の動きであろう。その結果、昭和初年の日本に現れたのは、エリートとそれに準ずる知的な中間階層、ならびに旧来の大衆層からなる、いわば三層構造を持った知的社会であった。

どんな場合にも、社会の階層的な区別は、区別によって下積みに置かれた側によってまず鋭く意識される。新たな階層化の出現を意識したのは、いうまでもなく［　］であり、それとともに急成長を見せた新聞、出版ジャーナリズムであった。一九一七年、ロシアに起った革命は、そのなかで活躍した反体制的な知識人、いわゆるインテリゲンチャの存在を世界に知らしめた。日本でもこの言葉が輸入され、やがてその短縮型「インテリ」が流行語になるにつれて、これは新しい知的な中間階層がみずからを同定し、呼びならわすための恰好《かっこう》の用語となった。昭和初期の知識社会は、主として学界に生きる専門研究者と、主としてジャーナリズムに拠《よ》るインテリのあいだで、しだいに目に見えるかたちで分裂を深めて行った。新興のインテリの複雑なB自恃《じじ》の感情と学界人への反抗心は、昭和二年（一九二七）七月の日付を持つ、「岩波文庫」の発刊の辞にじつにみごとに要約されている。

真理は万人によって求められることを自ら欲し、芸術は万人によって愛されることを自ら望む。かつては民を愚昧《ぐまい》ならしめるために学芸が最も狭き堂宇《どうう》に閉鎖されたことがあった。今や知識と美とを特権階級の独占より奪い返すことはつねに進取的なる民衆の切実なる要求である。岩波文庫はこの要求に応じそれに励まされて生まれた。それは生命あるCキュウの書を少数者の書斎と研究室とより解放して街頭にくまなく立たしめ民衆に伍《ご》せしめるであろう。

流行の社会主義用語をちりばめながら、ここで筆者が直接の敵としているのは、「少数者の書斎と研究室」である。はたして、知識と美が特権階級に独占されうるものかどうか疑わしいし、それが物質のように奪い返せるかどうかもっと疑わしいが、ともかく、この筆者の眼にある種の知識人が特権階級のように見えていたことは、確実である。

そして、さらに確実なことは、この特権階級が社会的にどういう地位にあるかは問わず、少なくとも主たる知識の源泉として、岩波文庫を必要としない人間だったということであろう。筆者の眼に映っていた階級対立は、したがって岩波文庫を必要とする人間としない人間、いいかえれば、岩波文庫を読む人間とそれを作る人間の対立であった。主たる知識の源泉を翻訳とDコウチュウと解説に求める人間と、逆にその翻訳や解説を自分の知識からあたえる人間の対立であった。もちろん最大のE皮肉は、この「発刊の辞」の筆者が表向きは知的な「民衆」の側に身を置きながら、じつは明らかに、岩波文庫を作ってそれを啓蒙《けいもう》する側に属していたという事実であろう。学界人とインテリの相違は、必ずしも客観的な能力や知識の量の違いではなく、知識人とは何かという自己認識の違い、ならびに知識を操作する態度の違いにもとづくものであった。

実際、筆者の反抗心は半ば近く正当だったのであって、この時代、意識のうえで「少数者の書斎と研究室」を守るエリートがいたことは、事実であった。大学や高校に拠る学界人の大部分、少数のコウFトウ的な文学者や芸術家のなかには、G明治一代目の知識人の伝統に踏みとどまろうとする傾向が見られた。

彼らの心の拠りどころは、西洋の近代文化と東西の古典的教養であり、その誇りの根拠は、それらの文化に原典を通じて触れていることであった。彼らは一、二の外国語か、漢文、あるいは日本の古文にツウHギョウし、多くの場合、当時はまだ珍しかった外国留学の機会を持っていた。（中略）彼ら自身は他人の翻訳に頼ることを軽蔑した。のみならず、大学の内部には一般にジャーナリズムにたいする軽侮の念が高まり、研究者相互のあいだでも、新聞や商業雑誌に執筆する同僚に微妙な反感が向けられるようになった。彼らの信じるものは時流を越えた真理であり、行動の規範は学問研究の求めるディシプリン（規律）であって、当然、その生活態度は孤高の尊重に傾いた。彼らの大部分は政治に無関心であるか、あるいは現実政治を軽蔑するという意味で、きわめて観念的な反体制主義に与《くみ》していた。

しかし、　皮肉なことに、彼らはまさにこの点において、彼らの憧れる明治一代目のエリートたちと違っていた。陸軍軍医総監の森鷗外、慶応大学塾頭の福沢諭吉、早稲田大学総長の大隈重信、東京美術学校長の岡倉天心など、一代目の知識人は現実の政治に触れることをはばからなかった。また、夏目漱石や内村鑑三や吉野作造のように、むしろジャーナリズムを重要な地盤としたエリートも多かった。そして、そのことと関連して、明治の先覚は多少とも専門を越えた総合的知識をめざしたが、昭和の学界人は、その信条において完全な専門家であった。近代化が学問を複雑化し、個人が総合的知識を持つことが難しくなったのも事実であるが、知識人がその状況を進んで利用したことも疑いない。大学という制度のなかの学者たちは、他人の専門に口を出すことを慇懃《いんぎん》に拒絶し、自分の専門に口を出す「素人」を露骨に軽蔑した。そうすることが、専門を基盤とする大学制度を守る道でもあったし、百科全書的な先輩と同時代の素人知識人にたいして、自己の立場を鮮明にする道でもあったからである。

問一　傍線部C・D・F・Hのカタカナの傍線部分にあたる漢字と同じ漢字を、カタカナの部分に用いる単語はどれか。次の各群の①〜⑤から選べ。

C　①学キュウ　②段キュウ　③波キュウ　④紛キュウ　⑤老キュウ

D　①コウ献　②コウ甚　③コウ束　④コウ庭　⑤コウ脈

F　①トウ過　②トウ今　③トウ査　④トウ底　⑤トウ突

H　①ギョウ闇　②ギョウ固　③ギョウ状　④ギョウ績　⑤ギョウ相

C	D	F	H

2点×4

問二　傍線部Gでいう「伝統」とは何か。筆者の見解に即して、次の中から二つ選べ。ただし、解答の順序は問わない。

1　孤高の尊重
2　政治への無関心
3　東西の古典的教養
4　外国留学の経験
5　観念的な反体制主義
6　ジャーナリズムへの軽蔑

4点×2

問三　傍線部A・E・Iは、それぞれ何が「皮肉」なのか。最も適当なものを、次の中から選べ。

1　保守を装った革新
2　進歩と相反する退行
3　目標とくい違う到達
4　見かけと矛盾する実質
5　連帯が生み出した孤立
6　近代性に同居する前近代性
7　状況とはうらはらな内面の動き

A	E	I

3点×3

問四　本文の内容と一致しないものを、次の中から二つ選べ。ただし、解答の順序は問わない。

1　ジャーナリズムの発達は、エリートとインテリとの階層的分化を促進した。
2　昭和初期のエリートの排他的態度は、自己の優越性を確保する手段であった。
3　日本の「インテリ」は、その発生から見ると、反体制的な態度を本質とする。
4　昭和期においても、すぐれた専門家は同時に啓蒙家であることを求められた。
5　昭和の学界人は、明治のエリートの広い知識や行動力と結果的には無縁であった。
6　インテリは、少数者による知識の独占に反対するのが知識人であると認識していた。

5点×2

問五　空欄をうめるのに最も適当な語句を、文中から抜き出して記せ。ただし、十字以内ひと続きのものである。

5点

問六　傍線部B「自恃」の「恃」を他の漢字（常用漢字）一字と置きかえても、同じ意味となる。その漢字は何か、記せ。

3点

問七　「岩波文庫」は何の象徴であったのか。文中の語を用いて左の空欄を埋めよ。

□□の□□の象徴　完答7点

50点

［出典：山崎正和『日本文化と個人主義』（中央公論社）］

6

評論

『人と人との間　精神病理学的日本論』

木村敏《きむらびん》
上智大学

目標解答時間　20分

本冊（解答・解説）　p.72

日本語と対比された西洋語の特徴に、どのような意味があるか考えよう。

次の文章を読んで、後の問いに答えよ。

日本語においては、僕、おれ、おのれ、わし、おいら、てまえ、自分、わたし、わたくし、あたし、うち等々、一人称代名詞のかなり使用頻度の高いものだけでも十指に余る。しかも、これらの代名詞は、日常の自然な会話においてはむしろ省略されることの方が多いし、省略された場合にこれに代《かわ》って会話の主体を明示しうるような動詞、助動詞の人称変化も存在しない。1自己に関することを述べる際に特に用いる動詞、助動詞や助詞というものはあるが、これとても話し手と聞き手の身分の違いや親密度にかかわる相対関係からの影響によって、より多く左右される。Can I help you? に相当する日本語を、思いつくままに羅列してみよう。「（私が）いたしましょうか」、「（私が）やってみましょうか」、「（ぼくが）やってみてあげようか」、「（おれが）やってやろうか」等々である。

二人称代名詞を取ってみても、西洋各国語には原則として二種類（現代英語ではユーの一種類）である。ドイツ語のドゥーとジーおよびフランス語のテュとヴの用法には、互いに微妙な相違があって、必ずしも同じ方式にあてはめられない場合もあるが、一応、自分との心理的距離が減少する方向にある相手に対してはドゥーおよびテュ、心理的距離の減少しない相手に対してはジーおよびヴが用いられる、と解して差支えない。だから、ジーとヴが「あなた」に相当する敬語的代名詞、ドゥーとテュが「お前」に相当する卑語的代名詞とする考え方は間違っているし、ドゥーを「汝《なんじ》」に置きかえて、「イッヒ・ウント・ドゥー」というマルティン・ブーバーの著書を「我と汝」と訳したのは、苦肉の策ではあっても、正しい訳とは言えない。

これに対して、日本語の二人称代名詞は、一人称代名詞と同様に数も多く、また自然な日常会話においては、一人称よりもさらに省略されがちである。そもそも、さきにも述べたように、日本人は一般に二人称代名詞を使いたがらない傾向があり、これは特に目上の相手に対して著しい。妻が夫に対して用いる「あなた」は別として、一般に敬語的に考えられている「あなた」、「貴殿」、「貴下」なども、実際にそれを口に出して用いうるのは、対等以下の相手に対する場合に限られる。もし、父母に対し、恩師に対して「あなた」という代名詞を用いたならば、それは 2 もはやその関係が事実上断絶していることを意味するのである。このようなことは、西洋人にはまったく理解しえないことに違いない。西洋においては、まずもって二人称代名詞で名指されるのは、親であり、兄や姉であるだろうからである。

日本語の二人称代名詞としては、その他、「お前」、「君」、「てまえ」、「貴様」「そこもと」などが挙げられるだろうが、これらもすべて相手を低く見た卑称であることに注意しなくてはならない。二人称代名詞の省略については、もはや例を挙げるまでもないだろう。Do you go? に対して、「いらっしゃいますか」、「行きますか」、「行くかい」、「行くの」、「行くのか」等々、各種の言い廻しがあるが、あとの三つについては、比較的自然に「君」、

「お前」というような卑称の二人称代名詞を付加することができる。

さて、われわれの議論の焦点は、人称代名詞と人格的アイデンティティーの関連という問題であった。西洋各国語においては一人称代名詞はそれぞれ一語しかなく、二人称代名詞は二語あるが、その使いわけはかなり客観的に規定可能である。しかも、それらの人称代名詞は原則的に省略されえないから、西洋人にとっては、人称代名詞を用いることなしに会話をするということは考えられないことである。西洋の幼児は、日本の幼児よりもはるかに早く、一人称代名詞を身につける。それと同時に、二人称代名詞（幼児にとって話し相手はまず第一に家族であるから、ドイツ語の場合はドゥー、フランス語の場合はテュ）も自然に身につくようになっている。ドイツ語のジー、フランス語のヴが、よその大人の人に対して用いられる言葉だということは、小学校に入学するころにはじめて教えられる。しかし、子供にとっては、それまでに身についているドゥーやテュをジーやヴに置きかえるだけのことであるし、それにジーやヴの動詞変化はきわめて簡単なので、子供はこの用法も何の苦もなく身につける。

一人称代名詞が例えばアイの一語だけであるということは、3 自分というものが、いついかなる事情においても、不変の一者としての自我でありつづけるということを意味している。自己が自己であるということは、いわば既定の事実なのであって、いっさいの言語的表現に先立って決定している。4 思想というものが、言語を（たとえ内的言語の形ではあれ）予想せずには不可能である以上、このことはまた、自己が不変の自己同一的な自己であるということが、いっさいの思考に先立って既定の事実として前提されていることを意味する。

デカルトは、コギト・エルゴ・スム（われ思う、故にわれあり）と言ったが、実はこのコギト（われ思う）が一人称の動詞で言われている点に注意しなくてはならない。「われあり」の根底として求められたはずのコギトが、すでに「われ思う」として、われの存在を前提としているのである。西洋人にとって、「われ」の問題にならぬような思考などは、想像することすらできぬことである。デカルトがコギトから導き出したスムは、あくまでも反省され、客観視された「われあり」であって、反省以前の主体的な「われあり」はすでにコギトの前に前提されている。そして、私たちがここで人称代名詞との関連において問題にしている自己の主体性《アイデンティティー》とは、実はこのような反省以前の、5 コギトをコギトたらしめているところの「われあり」なのである。

二人称代名詞がユーの一語だけ、あるいはかなり客観的に使い分けられる二語だけであるということは、自己の前に現われる他者が、それが誰であるか、自己といかなる関係に立っている人物であるかを問わず、すべて一様に「汝」として扱われることを意味する。親であろうと友人であろうと恋人であろうと、また師であろうと弟子であろうと、あかの他人であろうと、それがすべて単一の代名詞でまとめられる「相手」である点に変《かわ》りはない。つまりここでは、その相手が自己の当面の相手であることのみが問題になっているのであって、その相手が誰であるかということは、まったく無視されている。二人称代名詞で呼ばれる相手は、6 自己にとっての相手なのであって、相手に即した相手その人ではない。

これは、実に徹底した自己中心主義である。自分の前に現われる他者から、そのいっさいの個別性を奪って、それが自己に対立する相手であるという、自己本位の契機だけを抽象したものが、西洋の二人称代名詞である。自己の前に現われる他者は、生身の具体的人格としての他者であるよりも前に、すでにいっさいの反省思考に先立って、一律にユーという抽象的概念によって物体化されてしまっている。ブーバーが「イッヒ・ウント・ドゥー」というようなことによって、物体的な「それ」とは違った「ドゥー」という呼びかけをもって、根源的に人格的な出会いを表現しようとしても、これは 7 西洋語のくびきの中では所詮無理なことである。ユーとかドゥ

6

ーとかいわれているものは、自己が自己であることの一つの反映にすぎない。だれか或《あ》る他人に向《むか》って、「お前は私の相手なのであって私自身ではない」ということを言っているだけのことにすぎない。

問一　傍線部１は、具体的にはどのような語を指すか。次の中からもっとも適切なものを一つ選べ。

a　する
b　やる
c　なさる
d　いたす

4点

問二　傍線部２はどのような状況を意味するか。次の中からもっとも適切なものを一つ選べ。

a　親や恩師の言動に、関心が持てない状況になってしまっている。
b　親や恩師に対して、議論をいどまざるをえない状況になってしまっている。
c　親や恩師と会話する際に、本音を語りたくないような状況になってしまっている。
d　親や恩師とのつながりが、いつ切れてもよいような状況になってしまっている。

5点

問三　傍線部3は、どのようなことを意味するか。次の中からもっとも適切なものを一つ選べ。

a　自分を、「アイ」という言語表現を用いるまえに、既に主体性を持った存在としてとらえている。
b　自分の思考の独自性を、不変の人称代名詞を想定することによって保っている。
c　自分を、場面や相手に応じて変わることなど無い、常に他から独立した存在としてとらえている。
d　自分の言語表現の主体性を、唯一「アイ」一語だけを人称代名詞として用いることによって保っている。

6点

問四　傍線部4は、どのようなことを意味するか。次の中からもっとも適切なものを一つ選べ。

a　思想というものは、それぞれの国民の心理を投影したものとして、語られるべきものである。
b　思想というものは、考える際に一々音声化することはないにしても、言語無しには構築できないものである。
c　思想というものは、個人的な見解という形ではあれ、つねに言語論の形をとらざるをえないものである。
d　思想というものは、それが社会に流布しないにしても、必ず言語を用いて発表されるものである。

6点

6

問五　傍線部5は、どのようなことを意味するか。次の中からもっとも適切なものを一つ選べ。

a　「コギト（われ思う）」という反省以前の問いを有効にする、主体的な「われ」の存在。

b　「コギト（われ思う）」という表現の内部に、最初から不可分に含まれてしまっているような「われ」の存在。

c　「コギト（われ思う）」という前提を支える、デカルトが導き出した「われ」の存在。

d　「コギト（われ思う）」という西洋的な思考法を、言語表現の根元から支える客観視された「われ」の存在。

6点

問六　傍線部6は、どのようなことを意味するか。次の中からもっとも適切なものを一つ選べ。

a　二人称代名詞で呼ばれる相手は、自己に対立するという点において相手であり、いかなる人物かは一切捨象される。

b　二人称代名詞で呼ばれる相手は、あくまでも自分と相手との相対的な関係から規定される。

c　二人称代名詞で呼ばれる相手は、当面の相手である限りにおいて一個の人格としてとらえられる。

d　二人称代名詞で呼ばれる相手は、自分が主体的に認識した相手であり、相手の主体性はまったく無視される。

問七　傍線部7は、どのようなことを意味するか。次の中からもっとも適切なものを一つ選べ。

a　西洋語においては、二人称代名詞を物体化したものとして扱ってきた歴史が重視されるということ。

b　西洋語においては、二人称代名詞を常に使用しなければならないので状況に応じた他者のとらえ方ができないこと。

c　西洋語においては、二人称代名詞は根元的に人格的な出会いを表現できない不完全な機能しか持っていないこと。

d　西洋語においては、二人称代名詞は他者を抽象化したものとして存在し、他者の個別性を表現しえないこと。

7点

7点

問八　次の文章の中から、本文の趣旨に合致すると思われるものを三つ選べ。ただし、解答の順序は問わない。

a　日本語には、敬意の対象となる人物に対して使用できる二人称代名詞がほとんど無い。

b　人称代名詞と人格的アイデンティティーとの関連は、西洋と日本の子供における言語発達の問題として考えられるべきである。

c　西洋における二人称代名詞の用法は、相手の立場を顧慮しない徹底的な自己中心主義の原理に基づいていると言える。

d　日本語の言語表現においては、相手との親密度や距離感による使い分けは存在しない。

e　西洋語における一人称は、それを示す代名詞が原則として省略できない、あるいは動詞の人称変化にあらかじめ含まれているなどの点からも分かるように、西洋人にとって初めからごく自然に身につく概念である。

f　日本語の表現において人称代名詞が省略されやすいのは、「わたし」や「あなた」のような概念が西洋から輸入された概念であることに起因する。

3点×3

〔出典：木村敏『人と人との間　精神病理学的日本論』（弘文堂）〕

／50点

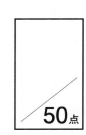

7 評論

「精神の非常時」

藤田《ふじた》省三《しょうぞう》

早稲田大学 文学部

目標解答時間 25分

本冊（解答・解説） p.82

問題文は基本的には学問研究の態度を論じている、ということを前提に読んでいこう。

次の文章を読んで、後の問いに答えよ。

新石器時代以来の人類史的大変化に曝《さ》らされるに至ったところに今日の根本的な危機性があるという事は、もっともっと色々な局面について自覚され見詰められ考慮されなければならないであろう、と思い続けるようになってからもう十数年もたった。「世界に応答するもの」としての精神は、こうした時代に対してどのように「応答」し、どのように立ち向うべきなのか。その或《あ》る立ち向い方に基いて、どのように過去・現在・未来に対すべきであり、どのように個々の認識や一つ一つの芸術や様々な芸能や事物に即した批評や等々を展開し、どのような作品やどのような生活形式を産み出すべきであるのか。此処《ここ》には、眼の廻《ま》わるような巨大な歴史の延長と変化が、一つ一つの小さな個別的事物への注視と分かち難く交叉《こうさ》し合っている問題群の世界がある。此の世における極大なるものと極小なるものが各処で交叉し合って私たちの眼前に在り、同時に私たち自身を組み込み且つ貫き通している。現代の精神世界の根柢《こんてい》を形づくっているものはこの問題群なのである。だから、この問題群に忠実に対決することを措《お》いて今日において知的誠実と思考の真理性を確保する道はない、と言ってよかろうかと思う。

現代が含み持つ人類史的問題群を丸きり度外視した別の実用的目的から「論題」を取り出して恰《あた》かもそれが問題であるかの如く受け取って、それに対する精密な「解答」を作製しようとする研究上の姿勢がもし在るとすれば、その仕事は作業上の経験とはなりうるかもしれないが A精神の経験とは決してなりえないし、その上、学問上も生活形式の上からも決して「真なるもの」とはなりえない。なぜなら、其処《そこ》で選ばれた「問題」なるものがベルクソンの言う「インチキの問題」だからである。真と偽の質的な違いは、通常の「科学方法論」が考えているようには、「解答」の在り方や「解決」の仕方の中にだけ現われるものではない。「真と偽」の質的差異は「解答」の在り方などよりは「問題」の立て方の中にこそ遥かに 1メイリョウに現われる。むしろ其処にこそ真偽の別は典型的な形で現われると言ってよい。「問題」の在り方と較べるならば「解決」や「解答」の分野は、真偽の質的な違いよりも、上手・下手とか器用・不器用とか才・不才とか優雅・無骨とか緻密・粗忽《そこつ》とかという系列の違いをより多く包含している領域なのである。すなわち「解決」や「解答」の中には真偽の別が典型となって存在しているのではなくて、むしろ美醜の別がともすれば優先的に現われるのである。その場合、悪くすれば外見的な美醜が支配的とさえなる。その時、真偽の質的な違いは表面美の前に覆い隠されて、虚偽がしばしばまかり通り、真なるものがしばしば地下に葬られて了《しま》う。

「問題」の領域にはそのような顚倒《てんとう》は起らない。そのことは私たちの使う形容詞の中にも表れている。［イ］私たちは「これは重大な問題だ」とか「些細《ささい》な問題だ」とかと言う。［ロ］それらの形容詞が示しているものはすべて美醜の事ではない。［ハ］それらは真偽の質的違いを大小・軽重の記号で象徴的に示しているのである。

ニ 「瑣末な問題」をさも重大問題の如く扱っているとき、それは真ではなくて偽なのであり質的に間違っているのである。 ホ それに反して「解答」は、「優雅な答」や「拙い解決」を「正解」・「誤解」と共に形容語として持っている。 ヘ

こうして私たちは、真なるものと偽りなるものとの質的な違いを発見しようとする限り、「解答」の世界への警戒と「問題」の分野の重視へと導き入れられることとなる。それがどんなに拙ない形を採り、どんなに混乱した筋道の中に在り、どんなに醜い外貌を持って矮小《わいしょう》な姿で現われようとも、そのゲテモノの中に、今日の私たちを取り巻き且つ貫いている 甲 が影を落としているならば、その影から発する微かな光を見逃がしてはならないのである。落魄《らくはく》せるものの中にはしばしば重大な変化の本質的真実が歪《ゆが》められた形を持って存在している。そして B その形とその核心との交錯した関係こそが「問題」中の「問題」なのである。廃《す》たれ行くもの、2 レイラクし粉砕されて断片と化したもの、「灰の中に輝きもせず横死するダイヤモンド」にありったけの眼光を注ぎ込んで、その質を見極めようとしないところには、真偽の別は遂に分からず、現代の根本的な危機性もまた見過ごされて了うことであろう。そこには「処方された幸福」を「自ら開発した幸福」と取り違えてベンベンと満足の日を送る 1 が残らざるをえないであろう。

そうして、生活形式における「処方された幸福」への満足が対応する認識論上の方法が、無警戒な「解答」主義なのである。それは先ず、反省的検討を経ることなき「体系性」の偏重となって現われる。（中略）その「つなぎ方」の妙を通して、その中央への連絡道路の美しさと高速度と運搬効率とによって、人はいとも簡単に「中央」へと連れ込まれる。こうして、無反省な「体系性」の偏重が在る処には虚偽意識の発生がつねに可能となる。其処には「問題」への忠実に代《かわ》って「解答」への 3 トウスイが支配しているからである。真と偽の質的区

別はここでは全く忘れ去られて虚偽意識の連絡網の中に満足気に安住する。

無反省な「体系性」の偏重が知的生産の現場で最も卑俗な形を採って現われる時、在る種の論文審査制度の問題が生まれるであろう。その制度が「結論」の綺麗《きれい》さとそれを導く順序の滑めらかさだけを尊重する時、結果は、真なるものの社会的蓄積に寄与する代りに、偽りなるものの蓄積に役立つことになる。かつてのベンヤミンの光栄は、その制度によって物の見事に排除されることを通して、真なるものの社会的蓄積の営みと偽りの「解答」主義の［２］的凝固との対比を身を以て鮮かに示したところにあった。今日の世界はベンヤミンの天才を持つことは恐らく出来ないであろうが、――それ程までに精神の危機の進行度は深いと見なければならないのであろうが、それだけに、現代世界の根柢に盤踞《ばんきょ》する問題群に対して一人一人が一つ一つの個別性を通して肉迫していかなければならないであろう。

問一　傍線部Ａ「精神の経験」の説明として最も適当なものを次の中から選べ。

イ　人類史的大変化を今日の危機性として受け止めて立ち向かうこと。

ロ　認識や芸術や芸能や批評を展開し作品や生活形式を産み出すこと。

ハ　美醜の別を付けつつ「論題」から精密な「解答」を作成すること。

ニ　「解決」や「解答」の在り方を「問題」の分野と較べてみること。

6点

問二　次の一文は、本文中に入るべきものである。最も適当な箇所を、本文中の空欄［イ］～［ヘ］から選べ。

先に見た「解答」の世界が持ちうる性質はここにも暗示されていると言ってよかろう。

6点

問三　空欄［甲］に入る最も適当な語句を、本文中から三字で抜き出して記せ。

6点

問四　傍線部B「その形とその核心との交錯した関係」の説明として最も適当なものを次の中から選べ。

イ　真と偽との質的な違いが、「解決」の中ではなく「問題」の立て方に現れている様子。

ロ　醜い外貌のゲテモノの中に、混乱した形で時代の根本的な問題が存在している様子。

ハ　真と偽との質的な違いが、大小・軽重等の記号によって象徴的に示されている様子。

ニ　醜い外貌のゲテモノの中に、ありったけの眼光を注ぎ真偽の別を見分けてゆく様子。

問五　空欄 1 ・ 2 に入る最も適当な語句を、それぞれ次の中から選べ。

1　イ　美醜の別　ロ　矮小な姿　ハ　危機の世界　ニ　精神の死骸

2　イ　反省　ロ　個別　ハ　制度　ニ　典型

1
2

4点×2

6点

7

問六　本文の内容に合致しないものを次の中から二つ選べ。ただし、解答の順序は問わない。

イ　虚偽意識の連絡網に対抗して現代社会の危機性に向き合うためには、真なるものの社会的蓄積が有用な解決法だ。

ロ　現代の人間が世界の危機性をとらえる上で、先哲同様にはいかないにせよ、彼の行ったことに学ぶのは意味のあることである。

ハ　真と偽との質的違いを発見する際、落魄せるものが持つ混乱や矮小さにのみ変化の本質的真実の現れが見出《みいだ》せる。

ニ　「問題」の領域から見ることで「真と偽」の質的差異を判別する在り方が、現代の危機性を見極める際に必要だ。

ホ　生活形式における「処方された幸福」に満足する日々からは、現代への根本的な「応答」の方法は見出されない。

6点×2

問七　傍線部1～3のカタカナの部分を漢字に直せ（漢字は楷書ではっきり書くこと）。

1	2	3

2点×3

〔出典：藤田省三「精神の非常時」／『全体主義の時代経験』（みすず書房）所収〕

/50点

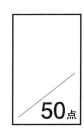

8

評論

「デッサンという旅」

港《みなと》千尋《ちひろ》

同志社大学

目標解答時間　30分

本冊（解答・解説）　p.90

人間の視覚に付随する二つの信号、そして人間の視覚とカメラとの対比を読みとろう。

次の文章を読んで、後の問いに答えよ。

画家のピエール・アレシンスキーが、七〇歳を過ぎて初めて開いた 1 カイコ展に際して、印象に残る言葉を残している。一九二七年ベルギーに生まれ、ＣＯＢＲＡ《コブラ》と命名された芸術運動に参加したことで知られるアレシンスキーの自由闊達《かったつ》な描線は、ヨーロッパを遠く離れて、イスラムの細密画や日本の書に近いものを持っているが、それについて、彼は「最初の線は、常に、わたしから逃げる」と言う。白いカンバスに最初に触れる絵筆は、もちろん画家の意のままであるはずなのに、一瞬後に残される最初の線は、すでに画家の意志から逸脱し、別の世界へ逃げ出しているというのだ。線はアレシンスキーの手から生まれるには違いないが、それが目に見えるようになったときには、すでに線は独自の生命をもった生き物のように、彼が思い描いていた世界とは別の方向へ逃げ出して、別の何かに変わってしまう。絵画だけでなく、すべての創造活動に通じる作品誕生の謎を語ろうとしているのだろうが、わたしはこの言葉のなかに、あるかたちが生まれることや、そのかたちを認識することについて考えるためのヒントがあるような気がする。

マックス・エルンストが木目やボタンを紙の上から木炭でこすり作り出した「フロッタージュ」と呼ばれる技法では、木目が変質して[2]コンチュウになったり、異様な線の集積のなかからエロティックな形態が生まれる。アレシンスキーのデッサンと似たようなプロセスを感じるのは、点が線になり、線が面になってゆく過程で、次々に形態が変化してゆくような表象の構築があるからだろう。ここには、新しく起きること＝ノベルティに対する、新しい認識のカテゴリーの創出があることに注意したい。過去に経験したことが、現在の新しい状況に照らし合わされて、新たな結合を作り出すのである。また化学物質を使って神経系に直接影響を与えてデッサンを行なったフランスの詩人アンリ・ミショーの作品も、認識という角度から見ることが可能だろう。かの有名なメスカリン・デッサンは、薬物によって引き起こされる幻覚の記録であるが、震えながら結合と分離を繰り返す無数の描線は、表象の構築を実験的に観察する方法と言ってもよさそうである。その意味ではすべてのデッサンは、形態創出とその認識の現場を記録しているとも言える。ふたたびアレシンスキーの言葉に戻れば、彼のデッサンとは目的地のはっきりしない旅のようなものである。あらかじめ書かれた設計図にしたがって作られる建築ではなく、速度や地形によって絶えず変化する、旅人の[3]キセキのようなものなのだ。それを画家は次のように語っている。

「最初の線は、常に君から逃げてしまう。最初の線は、しばしば不快で、君に向かって〝いったい今日はどうしたって言うんだい、何にも描けないじゃないか〟と言っているようなのだ。でもその不快な線は、同時に君の前にある水の広がりを越えてゆくための線でもあるのだ。すると線は君の[4]ハンリョとなって、君は旅を始める。線とともに、君と君の手は旅を始める。画面が形成される最初期には、いくつかの染みや『ロールシャッハテスト』のようなかたちが、何かのイメージを夢みさせるだけだ。でも見る人が違えば、かたちも違って見える。もしそのイメージを解読できるようにするには、それを闇のなかから取り出して、はっきりさせなくてはならない。A もし一本の線が木になるなら、わたしはその木のほうへ赴いてゆく。でももし突然、その木が変容(transform)するとしたら、さらに面白い。なぜなら木の陰には、ちょうど子供の本にあるように、いつも何かが隠れているからだ。もしその何かを木の陰に発見できたら、それはきっと木の葉よりもずっと面白いのだ。」

アレシンスキーは、「変容」や「旅」という言葉によって、ある形態が生まれる様子を語っている。創造とは旅の一種であり、旅とはおそらく生命現象の一種なのだ。目の前に広がる風景のなかに、隠されている何かを見つけてゆくことが旅であり、そして創造であるなら、わたしたちの神経システムは永遠の旅人であると言えるかもしれない。

いま目の前にワイングラスがひとつあるとしよう。グラスには半分ほどワインが入っており、白熱灯の光が赤い液体を通して、テーブルクロスの上にきれいな影を作っている。わたしたちはふだんこのような光景を見ることに、疑問は抱かないし、それがなぜそのように見えているか、自明のこととして受け取っている。グラスはグラスとしてそこにあり、液体は液体として見えており、その光景の完全さに疑いはない。それでは、いま一枚の紙と鉛筆とを渡されて、そのワイングラスのデッサンを描けと言われたらどうだろうか。素描の経験がない限り、誰もがたちまち、モノを「見る」ということの不完全さを発見することになる。その不完全さは、三次元のモノを二次表面上に再現するための技術的な不完全さとにわかには区別しがたく、いったい自分はグラスの形状を正確に把握できていないのか、それともその形状を紙の上に正確に描くことができないのか、悩むだろう。いま 5 リンカクとして自分が引いた描線は、現実に存在しているのか、液体の影の濃淡は黒鉛の濃度へと正確に翻訳されているのかどうか……いったい見えるモノを再現するというのはどういうことなのか、疑問は次から次に湧いてくる。そこでわたしたちはモノを描かないで見るのと、デッサンしながら見るのとでは大きな違いがあると言った、ポール・ヴァレリーの言葉を思い出す。

B　視覚的な認識の複雑さを知るのに、デッサンほど身近で、しかも深遠な活動はない。対象がグラスでさえそうであるから、たとえば自分自身の手を描けということにでもなったら、数時間でも足りないくらいだろう。その意味で、どんなデッサンであっても、たとえそれが子どもの手によるものであろうとも、そこには認識の深遠な謎が含まれていると言っていい。

言葉を換えれば、デッサンを通して、わたしたちは見るという活動の能動性を思い知らされ、さらには観察という行為の身体性を知ることになる。瞼《まぶた》を開けばある光景が入ってくることから、わたしたちは「ものが見える」ことを自動的で受動的な現象と考えがちだ。だがひとたびその光景を再現しようとすれば、わたしたちはカメラが記録するように外界を認識しているわけではないことに気がつくだろう。観察は能動的である。観察とは、身体を通して行われ、知覚、判断、経験が含まれる総合的な行為である。

見るという行為は、眼という器官に信号が入り、脳内における信号の処理を経て行なわれる。これを信号という点に注意して、もう少し詳しく見ると、見る行為には、二種類の信号が介在していることが分かる。ひとつは、外界から網膜を刺激する光の周波数で表わされる信号である。通常、視覚刺激を引き起こす信号と言えば、この外界からの信号のことになる。これを主役とすれば、その陰に隠れて目立たない、もうひとつの信号がある。それは、外部から来る信号ではなく、眼という特殊な器官で「（　a　）」ために起こる、わたしたちの身体から生まれる信号である。わたしたちは見ているとき、自動的に「見えている」だけでなく、自分の眼という特殊な器官を使いながら「（ b ）」ことができる。聴覚においても同じことが言える。そこでも第二の、身体に由来する信号はあまり意識されていない。しかし瞼を閉じたとき、「見ていると感じられない」ことを経験できるように、「（ c ）」という行為には、常にふたつの信号が関与している。その意味で、自分の眼で見るという行為と、カメラが外界を捉えるということは、根本的に異なっている。

注 ロールシャッハテスト…左右対称の図形を見せて、何に見えるかを答えさせる心理テスト。
素描…デッサン。

㈠ 傍線――1～5のカタカナを漢字に直せ。

1	2	3	4	5

2点×5

㈡ 空欄（　）a～cを補うには次のうちどの組み合わせが適当か、一つ選べ。

1 a 見ていると感じる　b 見ていると感じる　c 見ている
2 a ものを見る　b ものを見る　c 見ていると感じる
3 a 見ている　b 見ていると感じる　c ものを見る
4 a 見ていると感じる　b ものを見る　c 見ている
5 a 見ている　b 見ている　c ものを見る

6点

㈢ **傍線――Aの「でももし突然、その木が変容（transform）するとしたら、さらに面白い」の理由として適当なものを次のうちから一つ選べ。**

1 最初の線が画家の意志から逸脱し別の世界へ逃げるように、デッサンに描かれた線がいつまでも画家を避けるかのように動きつづけるから。

2 最初の線が自分の思惑と違って画家から逃げていくため、何も描けないように思われたが、画家の技術によって線は画家と一体となり、思い通りに変化するから。

3 はじめこそ不快な線であったものが、やがては画家の思いのままに描かれる線となり、イメージ通りの作品として実現していくから。

4 最初は画家から逃げていた線が、次第にあるかたちをとってきて、そこから画家のねらいを越えた新しいイメージが次々に生まれ、創造的な作品となるから。

5 子供の絵本でよくあるように、木の陰に何かを設定し、木の葉だけではなくその木の背後に動く事物までを立体的に描いたりできるから。

8点

㈣ **傍線――B「視覚的な認識の複雑さを知るのに、デッサンほど身近で、しかも深遠な活動はない」とはどういうことか、次のうちから適当なものを一つ選べ。**

1 デッサンは手軽な行為ではあるが、正確な観察と高い技術が必要とされ、モノを見る行為が受動的現象ではなく、能動性や身体性を持つことに気づかされること。

2　入れ物によって形の変わるワインのような不安定なものを、デッサンを通して見ると、己の技術の不完全さが思い知らされること。

3　リンカクとして描いた線が現実に存在しているかということや、液体の影の濃淡が黒鉛の濃淡に正しく反映されているかということなど、デッサンによる認識自体が不確実なこと。

4　デッサンをするときに、モノを見ないで描くよりモノを見て描く方が、それを再現する技術においてははるかに高度な技術を要求されること。

5　モノを見て描くデッサンは、カメラのような受動的な記録方法と違って、身体を使う積極的な行為であるため、画家の描写の能力によって対象への認識の度合いも大きく違うこと。

8点

㈤　**本文の内容に合致するものを、次のうちから一つ選べ。**

1　マックス・エルンストは、ピエール・アレシンスキーの言葉に刺激を受けて、フロッタージュと呼ばれる技法を編み出し、次々に新しい作品を生み出した。

2　アンリ・ミショーの行ったメスカリン・デッサンは、幻覚によって線が作品になるまでの観察であり、形態の変化に伴い新たな認識が生まれることを示している。

3　ポール・ヴァレリーが、デッサンをしながらモノを見ることはモノを描かないで見ることと違うと言ったのは、ワイングラスのデッサンの難しさを踏まえた言葉である。

4　人間が視覚を獲得する初期段階においては、いくつかのイメージが混在しているような状態であり、まだ他の人間と同じ客観的形態を把握することはできない。

5 アレシンスキーの言うように、わたしたちの神経システムは永遠に進化し続けており、その意味でわたしたちの生命現象そのものが創造行為なのである。

8点

㈥ **傍線部について、筆者はアレシンスキーの言葉を使ってデッサンを「目的地のはっきりしない旅のようなものである」といっているが、どういうことか、説明せよ（句読点とも四十字以内）。**

10点

50点

〔出典：港千尋「デッサンという旅」／『第三の眼　デジタル時代の想像力』（廣済堂出版）所収〕

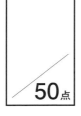

9

評論

『死を超えるもの』

森一郎《もりいちろう》

関西学院大学

目標解答時間　35分

本冊（解答・解説）p.100

人間と自然、人間と世界、との関係を読みとろう。

次の文章を読んで、後の問いに答えよ。

① 人間という存在者のあり方から、「自然」と「世界」はおのずと分節される。

ヒトという複雑な生き物は、まずもって、他の生物と同じく、とにかく生き、生き延びることを定められて、現に生きている。生命という原理が、ここでの人間の条件である。働いて、食って、寝て、起きて、また働いて……という同じことの繰り返しを、ひとは日々生きている。循環し回帰する時間は、生きとし生けるものの刻むリズムである。鼓動、呼吸、栄養の摂取・消化・排泄《はいせつ》といったレベルから、四季折々の営み、成長と老化、死と誕生、生殖・世代交代まで、生物としてのヒトのあり方は円環性格を示す。これは、動物にも植物にも、山野にも海洋にも、物性にも気象にも、惑星にも彗星《すいせい》にも恒星にも、等しく見られる。地震や津波もまた然《しか》り。十年単位ではありえない大災害でも、百年千年単位では珍しくもないことであり、万年単位で考えれば、ごく頻繁に起こる現象だということになる。短命な生き物にはいかに新奇に見えようと、太古から続く悠久のテンポからすれば、新しくも何ともない。

そのように、同じことを永遠に繰り返す存在者の全体が、「自然」と呼ばれる。人間という存在者も、そのれっきとした一員である。（中略）

しかし他方で、人間は、自然にただおとなしく従属しているのではない。自然に逆らって、人間ならではのものを生み出し、それを保ち続けようとする。雨露をしのぐための住み家を建て、有用なものを作ってはそれを操り、美しいものを創ってはそれをⓐイックしむ。家や通りや街並み、耕地と器具、記念物や文書類、広場や舞台、神殿や寺院が、人間にふさわしい居住空間を形成する。（中略）そのような人工物は、自然の風化に逆らって存続するという一定の耐久性を示す。死すべき者たちが作り出した産物が、制作者より長生きすることも稀《まれ》ではない。（中略）これは、希少な財宝や美術品だけの話ではない。ありふれた家屋敷や街路の一つ一つ、公共建築からなる都市の全体が、まさにそのような持続性をもつ歴史的存在なのである。

この場合、「世界」とは、人間によって生み出され、それなりに永続する物の総体のことである。自然における生命の循環過程とは異なる恒常性と持続性が、世界の時間的性格をなす。②どっしりと存在し長期間持ちこたえる、という意味での世界性が、人間の条件となる。働いて食って生きつつ、われわれはわれわれの世界を建て、そこに住み、住み続ける。

自然と世界とをこのように区別した場合、その力の差は歴然としている。自然の有無を言わさぬ「必然性《ネセシティー》」は、人間が道具を駆使して行使する「暴力」を圧倒する。たとえば、飢えや渇き、用便や性欲といった「必要《ネセシティーズ》」にひとたび襲われれば、勇者も貴人もお手上げである。自然界の永遠回帰の一環にすぎない地殻変動の引き起こした大浪《おおなみ》が、死すべき者たちの営々と築いてきた町に襲いかかれば、なすすべもないことを、われわれは改めて学び直した。しかも、周期的に学習してもすぐ忘れてしまうこと自体、記憶と忘却という［③］なのである。出自たる自然に対し、人間の勝ち目はない。

人間という存在者は、生物として自然に属して生きており、かつ人工物から成る世界に住んでいる。この二側面は人間にとって等しく根源的だが、どちらが「人間的」かと言えば、世界のほうである。なぜなら、自然にとって人間の存否などどうでもいいが、世界は人間がいなければ意味をなさないからである。自然は世界を圧倒するがゆえに、人間は自分たちの築いた世界を守ろうとする。自然は人間に守られなくてもビクともしないが、世界は人間によって守られなければ滅びる。「自然を守ろう」というスローガンは尊大すぎるが、「世界を守ろう」という勧めならまだしも人間の身の丈に合っている。

「環境」という玉虫色の言葉が流通して混乱の元になっているが、たとえばドイツ語ではUmwelt（ウムヴェルト）と言う。この語をⓑチク語的に訳せば、「環境世界」である。つまりこれは「人間の身の回りの世界」のことを意味する。田畑や街道はもちろん、森林にしろ河川にしろ、海岸や山頂のⓒ景ショウ地にしろ、人間がその内を動くのにふさわしいように美観を顧慮して整備されているのが、「環境」なのである。

それゆえ、④「自然環境を守ろう」ではなく、「環境世界を守ろう」と言うべきなのだ。自然に翻弄されるほかない生き物が、「自然を守る」などと口走るのは、おこがましい。「自然から世界を守る」と言うほうが、正しい人間的用法なのである。（中略）

危機に瀕しているのは、自然ではなく世界である。ここから、「自然破壊」という言い方も身の程をⓧ弁えない言葉の誤用であり、正しくは「世界破壊」と言うべきだということも理解されよう。（中略）

世界を破壊するものとしては、二通りの「主体」がある。一つには、自然が世界を破壊する。これは、今回の地震と津波がはっきりその破壊力の大きさを示した。(中略)微小なレベルでは、ちりやほこりやさびで世界は日夜自然と汚れる。どんなに家をピカピカに磨いても、翌日にはもう薄汚れている。人間の作ったものはすべて時間が経てば古くなり、年々歳々自然の浸食を受けて崩れていく。(中略)作って使うだけでなく、修理し維持するための労苦が必要となる。自然に抗《あらが》うこの世界保護労働は、その「不毛さ」ゆえにⓨ疎んじられがちである。だが、そのような抵抗を止めてしまえば、人間はたちまち降参するほかない。つまり、世界は荒れ果ててしまう。(中略)

他方で、世界を破壊するのは、自然だけではない。人間自身が、世界を破壊することがある。(中略)

ⓓケン牢な建物を二、三十年程度で壊しては新しく作ろうとする。それは、家を建てて住み続けることに意味を見出《みいだ》すのでなく、もっぱら⑤破壊と製造のプロセスの拡大再生産をめざしているからこそである。そのテンポは自然の永遠回帰のリズムに近づく。世界の恒常性は自然の新陳代謝に取って代わられる。衣服や食器が、安価に大量生産されてはたちまち使い捨てられる。耐久消費財という奇妙な呼び名をもつ商品も、長持ちしないようにできており、すぐ壊れて新製品に［甲］替えられ、作られる［乙］からゴミになってゆく。そんな空しいことをなぜするのか。製造する側としては、その循環過程に利潤が発生し、回転を速めるほど増殖するからである。また消費者からすれば、使い捨ての方がラクだからであり、使い続けるより安価だからである。しかも消費者は労働者でもあり、そういう彼らにとって、製造業の景気が良くなり雇用が安定することは望ましいことなのだ。

これは、⑥世界の只中《ただなか》に自然が懐深く入り込み、内側から世界を侵食していることを意味する。もっとも、内なる自然という言い方があるように、人間の世界にはもともと自然が入り込んでいる。ちりやほこり、消耗や磨滅、老朽化といった生成消滅は、生理的欲求や加齢老化と同じく、世界を内側から脅かす自然現象であり、どうにも防ぎようがない。じつにこれこそ生命現象そのものなのだから。こうした「生ける自然」に付き合うすべが開発されることで、世界はなんとか維持され、人間らしい生活が営まれてきたわけである。しかし今日では、かつては存続させ維持することに意味の認められたものまで、一切合財ひっきりなしに捨てては次々に新しくすることが、「社会」の美徳とされるようになった。労働とともに消費が奨励されるのだから、必然的にゴミは増える。しかも厄介なことに、そのゴミは放っておいても一向になくならない。消費されたあとで自然に戻るという循環のプロセスに帰着せず、抜群の反自然的持久性を示すのが、今日の産業廃棄物の特性である。（中略）

アルミ缶やペットボトルは、山野や河川に投げ捨てられても、なかなか腐蝕《ふしょく》せず、風雪に耐えて存在し続ける。呆《あき》れるほどのしぶとさだが、使い続けられてやがて骨董品《こっとうひん》となる「物」とは明らかに違って、長持ちするだけ価値が出るわけではない。新品であることが取り柄のはずの消費対象ゆえ、使い終えたあとは消えて無くなってほしいのに、しつこく居座り続ける。へたに処分しようとすれば毒をまき散らすし、再利用するにはいたずらに多くの手間と費用がかかる。そういう邪魔物に世界は覆い尽くされつつある。

世界は、自然によってのみならず、人間によっても破壊される。しかも、人の手や道具、暴力によってだけではなく、人間の生み出した人工物、いや超人工物によって破壊される。つまり、産業ゴミによって世界は人間の住むところではなくなってゆく。ではこれは、世界が世界によって壊されるということなのか。必ずしもそうではない。世界を破壊するゴミとは、世界と自然の区別が取り払われて世界にどっと流れ込んできた「半自然的で半世界的なもの」である。自然的であったはずなのに不自然となったものが、世界の内部で反世界的となり、世界を内側から打ち壊しているのである。

この超ゴミ問題が事柄の核心をなす。原発問題の根もここにある。

問一　傍線部ⓐ〜ⓓの片仮名の部分を漢字で書いたとき、傍線部に同一の漢字を使うものを次のイ〜ホからそれぞれ一つずつ選べ。

ⓐ　イツクしむ
イ　ホウ負を述べる
ロ　干天のジ雨
ハ　選手をイ労する
ニ　カイ疑論に陥る
ホ　人間の尊ゲン

ⓑ　チク語的
イ　チク馬の友
ロ　蘊チクを傾ける
ハ　理論を構チクする
ニ　反逆者を放チクする
ホ　人チク無害

ⓒ　景ショウ地
イ　ショウ味期限
ロ　ショウ学金
ハ　映画界の巨ショウ
ニ　博士のショウ号を得る
ホ　殊ショウなことを言う

ⓓ　ケン牢
イ　ケン悪な雰囲気
ロ　ケン謀術数
ハ　期待を双ケンに担う
ニ　当選ケン内に入る
ホ　自説をケン持する

ⓐ	ⓑ	ⓒ	ⓓ

2点×4

問二　傍線部ⓧ・ⓨの読み方として正しいものを次のイ〜ホからそれぞれ一つずつ選べ。

ⓧ　弁えない
イ　カナえない　ロ　カバえない　ハ　カマえない　ニ　ワキマえない　ホ　ツグナえない

ⓨ　疎んじられ
イ　ソんじられ　ロ　ガエんじられ　ハ　カロんじられ　ニ　ソラんじられ　ホ　ウトんじられ

ⓧ	ⓨ

2点×2

問三　空欄甲・乙に入る言葉として最も適当なものを次のイ〜トからそれぞれ一つずつ選べ（同じ符号を二回用いてもよい）。

イ　まえ　ロ　すげ　ハ　まで　ニ　そば　ホ　にべ　ヘ　たち　ト　はす

甲	乙

2点×2

問四　傍線部①「人間という存在者のあり方から、『自然』と『世界』はおのずと分節される」とはどういうことか。最も適当なものを次のイ～ホから一つ選べ。

イ　人間は、「自然」の動植物や「世界」の人工物とは異なり、自らのあり方を自ら決めることができるという意味で、特別な存在者であるということ

ロ　人間は、自然環境や文化の世界の中で生活を営むが、環境としての「自然」や「世界」と、環境を生きる主体としての人間とは区別されるということ

ハ　人間は、自然を整備することで田畑や河川等の「自然環境」を作り出す一方、それとは別に、人工物からなる居住空間としての「世界」を作り出すということ

ニ　人間がどのように対象を見るかによって、同一の対象が、循環過程に従う「自然」と理解されたり、持続性を有する「世界」と理解されたりするということ

ホ　人間が生命原理に基づいている状態そのものが「自然」である一方、人間が「自然」に対抗する時に作り上げる産物が「世界」だ、と理解されるということ

6点

9

問五　傍線部②「どっしりと存在し長期間持ちこたえる、という意味での世界性が、人間の条件となる」とはどういうことか。最も適当なものを次のイ〜ホから一つ選べ。

イ　人間自身が長く生きることができるような条件が、環境の側に万事整うということ
ロ　人間の生活が、耐久性をもつ人工物に依拠して営まれるようになるということ
ハ　世界が、生命の循環過程から抜け出して、人間の特徴である歴史的持続性を有するようになること
ニ　文化の歴史的意義をグローバルな視野から捉えることが人間に要求されるようになるということ
ホ　耐久性をもつ物体に囲まれ生きることで、人間がその耐久性を自ら帯びるようになるということ

6点

問六　空欄③に入る言葉として最も適当なものを次のイ〜ホから一つ選べ。

イ　持続的歴史存在　　ロ　時間的世界理解　　ハ　人間的精神作用
ニ　自然的反復現象　　ホ　暴力的自然破壊

4点

問七　傍線部④「『自然環境を守ろう』ではなく、『環境世界を守ろう』と言うべきなのだ」とあるが、その理由として最も適当なものを次のイ～ホから一つ選べ。

イ　自然環境を守ることは人間には到達困難な大きな目標に過ぎるので、まずは環境世界を守り、それを通じて自然環境保護を目指すべきだから

ロ　田畑・森林・海岸等の自然環境の美観を守るよりも、家や街並み、あるいは神殿や寺院等の人工物を守るほうが、人間に適しているから

ハ　環境世界と自然環境とは分離できないので、「世界から自然を守る」といった表現は、人間の使用する言葉として、間違った用法でしかないから

ニ　自然はすべて人間によってすでに規整されているので、自然環境を守ると言っても、実質的には人間の環境世界を守ることでしかないから

ホ　人間は自然を統御することはできず、統御不可能な自然から、人間が作り出したものを守ることしかできないから

□
6点

問八　傍線部⑤「破壊と製造のプロセスの拡大再生産」とはどういうことか。最も適当なものを次のイ～ホから一つ選べ。

イ　自然が世界を破壊することに抗い、人間は持続的な世界を製造し直すが、その世界も自然の循環過程には勝てず破壊され、それに対抗して人間は再び新たな世界を作ろうとしていくこと

ロ　古いものを壊すことによって新しいものを作ろうとする欲求を生み出し、一旦新しいものを作った後は、それをたちまち壊すことで、さらに新しいものを作ろうとする創作意欲を高めるということ

ハ　古いものを壊しつつ新しいものを作って売り、利益を得て、その利益を使ってさらに古いものを壊しつつ新しいものを作って売るというプロセスによって、破壊されるものと製造されるものが増え続けるということ

ニ　人間にとって必要な製品が作られて世界に取り込まれ、不要なものが壊され捨てられるというプロセスを繰り返すことによって、無駄なものが減少して、製品の価格が下がり、雇用が安定するということ

ホ　製造され耐久性をもつ世界の物体は、一旦は自然の新陳代謝という破壊的側面によって浸食されるが、そのことで逆に、自然に戻るという循環プロセスに収まらない「自然環境」が生産されるということ

6点

問九　傍線部⑥「世界の只中に自然が懐深く入り込み、内側から世界を侵食している」とはどういうことか。最も適当なものを次のイ～ホから一つ選べ。

イ 人工物も、ちりや消耗や老朽化という自然現象を免れず、この自然現象によって最終的には破壊されるということ

ロ 本来耐久性をもつはずの人工物が、自然の循環過程に似た使い捨てサイクルに乗ることで、耐久性をもつ人工物から成る世界自体を打ち壊すということ

ハ 人工物も、自然現象に立ち向かうために創られたものであるがゆえに、破壊と再生を繰り返す自然界と運命を分かち合うということ

ニ 経済といった人間の創ったシステムの運動が、美徳という自然なものによって飾られて促されることで、世界が危ういものとなっているということ

ホ 人間も自然の一部であり、人間の創った世界もまた自然の一部なので、世界の破壊も結局は自然の内部で起こる現象でしかないということ

6点

50点

［出典：森一郎『死を超えるもの　3・11以後の哲学の可能性』（東京大学出版会）］

10

評論

『死産される日本語・日本人』

酒井《さかい》直樹《なおき》
早稲田大学　法学部

目標解答時間　35分

本冊（解答・解説）p.112

抽象的な用語を自分なりにかみ砕き、具体的なイメージを思い浮かべながら問題文を読んでいこう。それが記述問題の解法にもつながっていきます。

次の文章を読んで、後の問いに答えよ。

すでに多くの人びとによって指摘されているように、憲法は一見、実現不可能な理念を掲げることによって人びとの間に議論を引き起こす。現存する社会問題を円滑に解決するというよりも、憲法の存在によって、社会的な矛盾が顕在化され、公開の議論の場へともたらされるのである。憲法の役割のひとつは、社会紛争の効率的な解決ということよりも、社会問題の創出にあるようにみえるのである。問題がなければよいという考えとは違って、憲法は、社会問題をつくり出す。だから国民としての同一性は、自らも、社会問題をつくることに参加する決意として表現されることが多い。憲法に宣誓をすることは、憲法に忠実であることを越えて、自分も憲法に基づいて社会問題をつくることに参加する、という意味合いがあると私は思う。

その意味で、憲法は、たとえば国民の基本的人権を保障する。つまり、基本的人権に関する規定を用いて、社会的な不正、抑圧を問題化することができるようになるのである。そこでは、社会的な不正義を集団間の対立として表現し、論争として定式化する。つまりA不正義を分節化するのである。論争として定式化されれば、論争の制度的枠組みと論争が用いる言語の限界も明確化される。したがって、憲法の条文は、社会的に不利な地位に置かれた者、もっと正確にいえば、社会的に不利な地位に置かれていると感じている者に問題提起をする機会を与えるといえる。ただし、問題提起は、問題の解決あるいは解消を意味しない。ほとんどの場合、現存の法律体系では、不利な立場に置かれた者はその要求を認められることはないだろう。また、不利な立場に置かれることが、法律的に正当な場合もあるだろう。Bにもかかわらず、憲法の条文は、問題提起の機会を与え続けるのである。

憲法に則って問題提起をすることによって遂行されるのは、不利な立場に置かれていると感じている者が、その感じを公的な場で分節化することである。ここで避けなければならないのは、社会的に有利な立場と不利な立場が、あらかじめ客観的に定式化されて存在しているという考え方である。何が不利で何をもって特権とするかは、歴史的に一定しない。ただし、正義観の歴史性は、どのような価値であれ、時が経つにつれて変わってゆくといった相対主義的な認識を表わすのではなくて、何が不利か何が特権かは、誰かが努力して、実践を通じて分節化しなければならないという、ごく当り前の事実がここでは示されている点は強調しておく必要がある。分節化は、古典的な意味での「虚偽意識」を暴露して、客観的存在を意識化することではないからである。私たちが現在差別とか特権として否定するもろもろの社会的立場も、過去のある時点で不正義として分節化されなければならなかったのである。分節化するためには、不利な立場に置かれていると感じている者が、その感じを定式化するために、それまでの常識に反して新しい言語をつくらなければならないのである。社会的に不利な立場に置かれていることを言うためには、ひとはC「仕事」をしなければならない。量的に計ることができ、その報酬も量的に計測可能、かつ保証された労働とは区別された意味での「仕事」を通じてしか、社会的に不利であるという感じは分節化できない。つまり、人は、投機=投企的な「仕事」を通じてしか、不正義を分節化することができない。それは、歴史において「つくる」仕事であり、報酬を期待できない「仕事」でもある。多くの場合、新しい言語の創出に失敗し、そのような社会的に不利な立場に置かれているという感じはたんなる感じにすぎないとされ、社会的正義の常識のなかに登録されることがないままで終わってしまうだろう。しかし、これらの歴史的「仕事」がなされる前には、不正義はたんなる感じであって、不正義を語る言説が存在しなかったのである。もちろん、不正義を定式化する言説が生まれたからといって、これらの差別によって不利な地位に置かれた人びとが救済されたわけではない。差別は相変わらず残存しているだろう。

D　これは、現在進行中の自民族中心主義の批判、そして、西洋中心主義の批判についても言える。文明と野蛮といった、それまでは中性的と思われていた価値基準が、その基準からみれば劣位に置かれた者の視点から問題化されてきた。しかし、西洋中心主義的な合理性のなかにいる者にとって、そうした自民族中心的合理性は、ただちに普遍的妥当性として理解されている。非西洋世界に広くばらまかれた宣教師の意識に最もみごとに現われているように、自民族中心の立場を保持することは、野蛮に対して文明の恩恵をもたらし、野蛮人を人間らしくしてやることだという、帝国主義的温情主義として現象するのである。また、戦前の皇民化教育はその典型だが、戦後、植民地を失った後も、こうした温情主義は日本でも存続している。自民族中心主義的な言説は、そのなかに生き、特権を享受しつつある者にとって、透明な、どこにでも通用する常識として与えられている。だから、こうした言説がどこかおかしいという感じはもてても、それを分節化し、帝国主義的温情主義の抑圧的な性格を定式化するためには、そういった心性を内面化している者たちから多くの抵抗を予想しなければならなくなるのである。それは、たとえば、性的嫌がらせ sexual harassment を、性差に基づく男性の特権の乱用であると気づいていない男性に、女性差別の現実を公的な場で突きつける場合を考えてみるといい。あるいは、自分たちが人種主義者だとは夢にも思っていない日本のひとに、日本の社会的現実が、人種主義的なものであることを提示するさいの抵抗を考えてみればわかるだろう。西洋中心主義を分節化する「仕事」は性的嫌がらせの場合と同様に、それまで当り前のこととして問題視せず、不利な立場に女性や非日本人を置くことによって自己の立場を享受してきた者たちに、それまで普遍視してきた彼らの常識とその合理性を懐疑することを迫るために、しばしば、男性主義回帰や日本回帰を引き起こし、既存の合理性に関する問掛けへの拒否を招くことになる。合州国の場合、ここ数年の、歴史的に不利な立場にあった黒人、女性、その他のマイノリティを擁護する政策に対する反発と、「西洋文明への愛」を訴えつつ、合州国の西洋中心的伝統に帰ろうという E「西洋への回帰」の動きは、西洋中心主義を分節化する「仕事」に対する、ある意味で、予想しうる反発であろう。

[Y] 憲法のひとつの役割は、このように、既存の合理性からいえば不可能性としか言いようのないような「仕事」を国家の規模で肯定することであると、私は考えている。それは現存する合理性に基づいて社会構成員間の相互交換性と伝達の効率を高めてゆき、間主観的な共約性を増加させることで、国民としての文化的一体感を強めてゆくことではない。憲法は、むしろ、社会編制に不可能性を導入する。均質志向社会性に従って自己充足して閉じた合理性に支配され、均質化された社会の像に人びとがとらわれることを防ぐために、憲法は、社会問題を製造する装置であり、社会問題の創出を通じて人びとが共存共生することを可能にする制度である。あえて、逆説的な表現を用いれば、「社会が不可能性である」ことに、憲法の可能性が見出《みいだ》されると言ってよい。

問一　傍線部Ａ「不正義を分節化する」とはどのようなことか。最も適切な説明を次の中から一つ選べ。

1　社会的な問題を分析し、不利な立場に置かれた者の権利を保障するために、社会の構成員全員に分かりやすいかたちでその問題を説明すること。

2　社会的不正を、既存の社会体系の全体性から導き出される価値に照らして判断せず、論争の言語を通して提示すること。

3　現存の法律体系においては改善されない社会的不公正について、基本的人権に関する規定を用いつつ、それを解決するために別の正義を作り出すこと。

4　憲法の条文に照らして社会的な不正のありかを指摘し、不利な立場に置かれた者に代わって問題提起をし、論争を促すこと。

5　社会をさまざまな集団間の論争の場とみなし、社会的な不正や抑圧を、基本的人権に基づいて告発すること。

□ 8点

問二　傍線部Ｂ「にもかかわらず、憲法の条文は、問題提起の機会を与え続けるのである」とはどのようなことか。その説明として最も適切なものを次の中から一つ選べ。

1　憲法の条文によって社会的な不正義や抑圧がただちに解決されることはなく、現状が法律的に正当な場合すらありうるが、社会的な不正や抑圧を定式化するために憲法改正が実現されることも考えられるから、そのために憲法は問題提起の機会を与え続けるということ。

2　憲法の条文は、社会的な不正義や抑圧を明確化するための手段となっても、その具体的解決策そのものを提示してはくれず、多くの場合、解決の実現には多大な困難を伴うが、定式化された論争の継続を可能とし、事柄を可視的にするために、憲法は問題提起の機会を与え続けるということ。

3　憲法があるだけでは社会的な不正義や抑圧が論争として定式化されたり解決されたりすることはなく、実際の問題解決は個々の領域における法律の運用にゆだねられているが、憲法の条文を通してこそ社会的な不正義や抑圧を感じ取れるのだから、憲法は問題提起の機会を与え続けているということ。

4　社会的に不利な立場に置かれた者の要求は容易に認められることはなく、法律的にも現状が正当である場合もあるが、これを不当として異議を申し立てる権利は国民の基本的人権として認められており、基本的人権を定める憲法の条文は問題提起の機会を与え続けているということ。

5　社会的に不利な立場に置かれているという感覚を問題とすることは、明確さに欠けており、法律に照らして正当でないかぎりその要求を認めるべきではないが、このような問題も憲法を根拠にして提起されれば容易には斥《しりぞ》けられないから、憲法は問題提起の機会を与え続けているということ。

□
8点

問三　傍線部Cで著者が言う「仕事」とは何か。最も適切な説明を次の中から一つ選べ。

1　感覚によって捉えられた社会的不公正を、新しい言語の創出を通して表現し、不利な地位に置かれた人びとの救済の可能性に賭けること。

2　社会的に不利な立場に置かれていることを表現するために、言説によって不正義の存在を指摘し、社会の再構成を試みること。

3　社会的に不利な立場に置かれている感じを言語化し、客観的に検証可能な事実として意識化すること。

4　社会的正義の常識を回復することによって、社会的不公正を誰もが実感できるものにし、差別の解消を企てること。

5　感性的現実にすぎない不公正感を、新しい言語の創出を通して定式化し、社会的正義の常識にそれが書き込まれることに賭けること。

□
8点

問四　傍線部Dで著者が「これは、現在進行中の自民族中心主義の批判、そして、西洋中心主義の批判についても言える」としているのは、どのような意味においてか。その説明として最も適切なものを次の中から一つ選べ。

1　自民族中心主義・西洋中心主義は、野蛮に対して文明の恩恵をもたらし、野蛮人を人間らしくしてやるという温情主義的なものとして現れるが、これは普遍的妥当性を有する合理性に基づくものであり、たとえ抑圧的性質が内在しているとしても、それがすぐに問題視されるとは考えられないという意味において。

2　自民族中心主義・西洋中心主義は、その価値基準に照らして劣位に置かれ同化を強いられる者からすれば不正義ではあるが、今日ではすでに普遍的妥当性を有するものとして一般に受け容れられているため、これに対する抵抗が不成功に終わることは容易に想像されるという意味において。

3　自民族中心主義・西洋中心主義は世界へ広がった宣教師の意識に見られるように、本来、温情主義的なものであり、それを内面化する者には誰にでも特権を与える合理的なものであって、多くの人びとがその歴史的妥当性を認めている現在、これ以外の普遍性を主張することは強い抵抗を招くという意味において。

4　自民族中心主義・西洋中心主義は、その内部に生きている者にとっては中性的で普遍的妥当性を有する価値と認識されており、これを問題視して異議を唱えようとする企ては、常識として確立した意識に対する抵抗として困難にぶつかることが予想されるという意味において。

5　自民族中心主義・西洋中心主義は、帝国主義以降も存続する透明な抑圧ではあるが、一般には妥当性を有するものとして認識されており、その外に出ようとすることは直ちに特権の喪失につながるため、西洋化に不満を感じつつも多くの者がその心性を内面化し続けるという意味において。

8点

問五　傍線部E「『西洋への回帰』の動き」がなぜ起きると著者は考えているか。最も適切な説明を次の中から一つ選べ。

1　西洋中心主義を分節化する「仕事」によって、その合理性の問い直しを迫られた合州国のマジョリティが、マイノリティからの権利要求を前にしてみずからが普遍的であると信じてきたものを回復しようとするため。

2　西洋中心主義を分節化する「仕事」によって、合州国のマジョリティがみずからの合理性に問掛け、その同一性を確固たるものにするために、「西洋文明への愛」に訴えてマイノリティを擁護しようとするため。

3　西洋中心主義を分節化する「仕事」を通して、みずからの限界を感じた合州国のマジョリティが、にもかかわらずマイノリティからの権利要求を前にして「西洋文明への愛」によってその限界を打破しようとするため。

4　西洋中心主義を分節化する「仕事」を通して、みずからの優位性の無根拠さを知った結果、マイノリティを擁護することが自分たちの立場を危うくするという不安を合州国のマジョリティが抱いたため。

5　西洋中心主義を分節化する「仕事」を通して、その地域性を自覚せざるを得なくなった合州国のマジョリティが、マイノリティを差別することによる特権の享受を続けるために、新たな排除と抑圧の原理としての西洋を再構築しようとするため。

8点

問六　最終段落［Y］において著者は、憲法の役割として、「社会構成員間」の「伝達の効率」や「共約性」を「増加」させることに否定的な価値を置き、「社会編制」に「不可能性を導入する」ことに肯定的な価値を見出している。著者のこの考え方に適合する具体例を挙げつつ、「憲法は［…］社会問題の創出を通じて人びとが共存共生することを可能にする」とはどのようなことかを一〇〇字以上一三〇字以内で記述せよ（具体例としてすでに本文中にあるものは挙げないこと。解答は楷書で記述すること。その際、句読点、括弧記号などもそれぞれ一字分に数え、必ず一マス用いること）。

10点

［出典：酒井直樹『死産される日本語・日本人　「日本」の歴史―地政的配置』（新曜社）］

50点

11

随筆

『加賀金沢・故郷を辞す』

室生犀星《むろうさいせい》

南山大学

目標解答時間　20分

本冊（解答・解説）p.126

筆者の、自分に対する意識の変化を読みとろう。

次の文章を読んで、後の問いに答えよ。

家のものが留守なんで一人で風呂の水汲《みずくみ》をして、火を焚《た》きつけいい塩梅《あんばい》にからだに温かさを感じた。そして座敷に坐《すわ》り込んで熱い茶を一杯飲んだが、庭さきの空を染める赤蜻蛉《とんぼ》の群をながめながら常にない静かさを感じた。空気がよいので日あたりでも埃《ほこり》が見えないくらいである。となりの家の塀ごしに柘榴《ざくろ》が色づいている。まだ口を開けていない。この間まで花が着いていたのにと物珍らしげな眼をあげていると、灰ばんだいろをした小鳥が一羽、その茂りの枝を移りながら動いている。わたしは茫然《ぼうぜん》とそれをながめているうちに、穏やかな日ざしがだんだんとなり家のひさしへ移ってゆくのに気づいた。

門前の川べりへ出て見ても、毎日眺めている山々の景色にも痩せた皺《しわ》や襞《ひだ》をもの佗《わ》びしく眺めた。［Ⅰ］が山肌に見え、とげとげしさが沈んで見えた。川の瀬も澄んで鮎屋《あゆ》が昨日もって来ての話では、もう下流でないといないと言い、このあたりにいるのは若々しく寂《さ》びていないから旨《うま》さは旨いが、かぞえる程しかいないと言った。

九月の終《おわ》りころから鮎は寂びたが、十月になってから一そうさびしく寂びてしまった。この夏は門の前の瀬に網を打つ漁師を呼んで、毎日のように鮎を食膳に上したものであった。春浅いころまだ一寸くらいの鮎をながめていたわたしは夏深くなるごとにかれらの育って行くのが眼に見えた。［Ⅱ］をしていたかれらが、もう卵を胎《はら》んで尾の方から黄いろくなりかけてゆくのや、荒い瀬なみを抜けきることのできなくなっているのや、流れを下るだけで上ることのないのを、何かやはり①人情の中のものにくらべながら思い出したのであった。

季節はもう二度の秋をわたしに送らせている。わたしは田舎にあいてしまったが、さて此《こ》の田舎を後にして東京へ行っても、又田舎を慕うようになるだろうと先き先きのことを考え、やはりもうしばらくいようと思っている。田舎では古い旧友がたずねて来たり、その②旧友が昔と変って人なつこそうに話しこんでいるありさまをみると、わたしの方が余程aレイタンになっていることに気づいた。旧友はそのころの友だちのだれかれの暮《くら》しや、その立身出世のことを話しながら幼時の忘れがたい昔語りに熱心ではあるが、わたしは自分のことも人事《ひとごと》のようにきき流す張り合いのない聞手《ききて》になるくらいであった。そしてしまいにはそんなむかしの事などはどうでもよいという気になり、黙って返事もいいかげんにして了《しま》うのであった。旧友はそんなことに気づかない。たまに訪れた故郷の有様や移変や人情について縷々《るる》として尽きるところがなかった。わたしはそういう人情に一と月に一ぺんくらい出合っては、しまいには煩《うる》さく物悲しくなるのだった。そればかりではなく、そういう人々と一しょに食事なぞしなければならない破目になると、わたしはやはりめぐり合うた旧友のために、不幸な半夜を送らねばならない自身のことを、頼りなく又限りなく厭わしく感じた。

故郷というものは一人でやって来て、こっそりと夜の間か昼の間にぬけ出てかえるところであった。そして訪ねたいとか逢《あ》いたいとか考えている人に、ふいに会えばともかく、そうでなかったら実にさりげなく見過すべきであったろう。わたしのこれまでの経験ではいつも二日か三日くらい逗留《とうりゅう》していて、そしてぬけて出るのであったが、こうして落ちついているうちに、古い人情のこだわりが何の刺戟《しげき》や新しみなくくされかかって、妙に[Ⅲ]のようにわたしの心を染めてくるのに、物憂いながらわたしは気づいていた。しかしわたしはそれさえ面白いこととして暮してきたのであるが、このごろではその柿のしぶがつやをふくんで、消すこともできずにくすんでしまったことが、何やら気がかりになるのだった。むかし対手《あいて》にしてくれなかった人々までが、いくらか表面だけらくに見えるわたしの暮しを訪ねてくるのにも、b ケイハクな人の世のことが窺われその気もちは解りながらも、そういう人心には悒《いぶ》せくも物悲しさをあじわわずにはいられなかった。わたしならそんなことはしなかったろうと思われるほど、そういう人はわたしの向《むこ》うに坐ってさまざまな物語りをしながらそれにも拘《かかわ》らずわたしを悲しくさせた。かれらの情熱は凡《すべ》て一しょに手を拍《う》たねばならぬ強いた情熱の種類で、事古《ことふ》りたさもしいむかしがたりである。わたしはそれに聞きあきた。そのためにもどれだけわたしが一人で思いふけろうとしている昔の景色や人情を、その故にめんどうくさくなって思いふけることができなかったかも知れないのである。

「むかしの友だちなんてものは停車場で会ってすぐ別れた程度のものがいいんではないんですか。つまりはっとしているうちにすぐにわかれてしまうのが本統《ほんとう》らしくていいですね。」

わたしは何時《いつ》かこう言ってみたが、対手の人はそれでは呆気《あっけ》ない、人間はそんな風な考えをもつようになってはならぬというふうに、自らをいましめるように旧友は言った。だから、わたしはしかたなしに話の通じないのを幸いにして黙ってしまった。

このごろ殊《こと》に国へかえってから、わたしにはわたし自身の好みというものに或《あ》る偏屈を感じ出して、③偏屈な人間はその偏屈であるためになおかつ偏屈にならなければならないことに、その意識を強めることが少し美しくない気がし出した。自分は孤独だからと言ってその説の中におさまりかえっているのは、ざくろが熟さず割れないで腐ってしまうようなものだと思えた。わたしもその中の一人で、文壇人とは交渉をもたずそれに自らも遠ざかり、そして少々偏屈であったが、そんなことの下らなさがつくづく思われ出した。他人とつきあうこと、それが同じい仕事をしている人々の場合では、あんなに退屈な、むかしばなしの友だちよりどれだけ増しだろうと思えた。すこしの心のこだわりなしに平気で同じい仕事をしている人々と話しをするのは、へんくつ故に無理に孤独の型にはまり込んでいるよりどれだけいいか分らなかった。へんくつそのものもそれが余り永い間持ち合《あわ》していたら、しまいにはそのまま［Ⅳ］のように曲りなりに固まり、何のおもしろみも無くなるだろうと思えた。と言ってわたしが田舎にいて文壇のことを思慕するのではない、これまで余りしばしば意識しすぎて孤独と偏屈だったことに気づき、そしてそういう考えには自分乍《なが》ら賛成できないものがある、きまりわるい感じさえするとそう考えたからであった。人間の中で一番わるいみにくいものがあったら、それは「見え透いた」ことを平気で遣《や》ったり故意に遣ったりする感情の人々のことだろう。ほんの少々でも「見え透いた」感じのするのはまだぬかった一点をみるようでいいものだが、C一瞥の後にすぐくる「見え透いた」ものは一番わたしにはきらいでもあり不愉快でもあった。その見え透いた「孤独」や「へんくつ」がやっとわたしには忌々しい古い日記をひっぺかすように［Ⅴ］の中に見えてきて、その根ざすところに［Ⅵ］をしたのだった。

Ａ１　Ⅰ に入れるものとして最も適当と思われるものを次の中から一つ選びなさい。ただし設問Ａ１〜Ａ５を通して、同じ選択肢を重ねて選んではいけません。

ア　過去の雲や霧　　イ　くろずんだ柿のしぶ　　ウ　美しい柔らかい肌
エ　枯木の蔓《つる》　　オ　怒ったあとのような疲れ

4点

Ａ２　Ⅱ　Ａ３　Ⅲ　Ａ４　Ⅳ　Ａ５　Ⅴ に入れるものとして最も適当と思われるものを設問Ａ１の選択肢の中から一つ選びなさい。

Ａ２		Ａ３		Ａ４		Ａ５	

4点×4

Ａ６　――線部①「人情の中のもの」とはどういうことか、最も適当と思われるものを次の中から一つ選びなさい。

ア　人を思いやる心　　イ　人からかけられた情《なさけ》　　ウ　人の感情の起伏
エ　人の人生の心のありよう　　オ　人の絆《きずな》のありよう

6点

A7 ——線部②「旧友が昔と変って人なつこそうに話しこんでいる」とあるが、なぜそのように表現しているのか、最も適当と思われるものを次の中から一つ選びなさい。

ア　昔仲良くしていた友が、昔以上に親しそうに話し込んでいたから。
イ　昔けんかした相手が、もともと仲が良かったように話しかけてきたから。
ウ　昔さほど親しくなかった人たちが親しげに作者に近づいてきたから。
エ　昔無口だった友が、饒舌《じょうぜつ》に話し込んできたから。
オ　昔の友が、私が話を聞きたくないと思っていることがわかっているのに、それを無視して話しかけているから。

6点

A8 ——線部③「少し美しくない気がし出した」とあるがどういうことか、最も適当と思われるものを次の中から一つ選びなさい。

ア　自分が偏屈な人間だと感じて孤独にしているのはあまりよくないと思い始めた
イ　自分が偏屈だと考えるのは間違っていたと思い始めた
ウ　自分は偏屈でもよいが、孤独はいやだと思い始めた
エ　偏屈で孤独というのは美しくないが、そこから抜け出せないと思い始めた

7点

11

A9 Ⅵ に入れるものとして最も適当と思われるものを次の中から一つ選びなさい。

ア 賛成　イ 不賛成　ウ 同感　エ 危惧　オ 追従

B1 ＝線部a「レイタン」・b「ケイハク」の片仮名を漢字に改めなさい。楷書で丁寧に書くこと。

B2 ＝線部c「一瞥」の読みを平仮名で書きなさい。

［出典：室生犀星『加賀金沢・故郷を辞す』（講談社）］

5点

a

b

2点×2

2点

50点

12 随筆

『「あはれ」から「もののあはれ」へ』

竹西寛子《たけにしひろこ》

早稲田大学 教育学部

目標解答時間 25分

本冊（解答・解説）p.132

「抽象」と「具体」の、この問題文での意味をよく考えて読もう。

次の文章を読んで、後の問いに答えよ。

小説への衝動がはじめて自分に抑え難いものとなった時、というのは、評論では折り合いのつかない何かに表現を迫られた時のことなのだが、その時分を振り返ってみると、私自身、それまで書き継いでいた評論という形式に失望していたのではなかった。小説よりも先に評論を発表していたのは私の自然で、評論と小説は血縁であってもやはり別のものとしか思われなかった。従って、あなたは評論家になるつもりなのか、それとも小説家になるつもりなのかという少々意地の悪い当時の質問にも深くは考え込まず、自分の自然が解決するだろうと思っていた。

しかし、実際に小説を書き始めてまず突き当《あた》った壁は、評論という形式に馴染《なじ》んだための、事物の抽象的な処理、非具体的な処理であった。心を動かされた作品と対《むか》い合い、なぜ感動したのかを問うてみる。事を分析帰納しながら一般化できる共通項を抽《ひ》き出し、敷衍《ふえん》してゆく作業は、当然のこととして、言葉による明確な結論を自分に要求する。時によっては、結論としての言葉あるいは文章が先に立ち、それを客観的に証明しようとして論理的な作業をひたすら重ねてゆく。

感動の拠《よ》り所を分析帰納して、少しでも論理的に把握したい評論への欲望と、感動の拠り所を分散拡大して、更に強調したい小説への欲望、この二種類の欲望は、どうやら自分の中には矛盾なく生きているらしい。今更言い立てるのも気がひけるようなことながら、小説で必要なのは事物の具体的な表現であって、抽象的な論評でもなければ概念的な記述でもない。なぜこの作品を書いたかという、作者の直接の言葉は不要であり、結論は、作者が提示した具体的な事物を通じて読者にゆだねればよい。しかし習慣は恐ろしい。1結論めいた文章を書かない不安と私は長く争うことになる。

小説を書こうとしながら、評論では許される抽象的、概念的な物言いに無意識のうちに逃れている自分に気づくと、一時的にもせよ筆は止《とま》ってしまう。分散拡大のために必要な事物の具体的な表現といっても、背後で統一するのは理性なので、感受性の単なる羅列というわけにはゆかず、具体的な事物の小さな一つ一つといえども理性の関《かかわ》る秩序の外には放り出せないが、自然の勢いで書き進めるものが具体的にならないうちは、作品に弾力は伴わない。

もともと、抽象は具象に始まっているはずで、具象はなおざりにした抽象に説得力を望んでもそれは無理である。具象といい加減に馴《な》れ合った抽象に胡坐《あぐら》をかいているととんだところで仕返しをされる。抽象に逃げるな、と自分を叱り続けて小説を書いていると、日頃いかに物の見方が杜撰《ずさん》であるかがよく分《わか》る。見ているつもり、聞いているつもりでは小説は一行も進まない。小説を書く基礎になるのは、日常、事物を杜撰にではなく「見る」習慣、「見る」力だと知らされる。そこから事物の選択と再構成が始まる。

評論では抽象的、概念的な物言いが許されると言ったが、事物を杜撰にではなく「見る」習慣、「見る」力の必要については、小説の場合と全く同じだと考えている。個々の作品も山川草木と対等な事実であって、具象としての文章をいい加減にではなく「見る」力の必要は、読みの誤りから遠ざかる条件でもある。

評論への衝動にも小説への衝動にも、私の場合、その根には必ず感動がある。心の揺れがある。それがない所ではどちらも成り立ちが難しい。ただ、小説を書き出してから、評論を書いていた自分がそれ以前よりもいくらかはっきり見えてきた。勿論《もちろん》その欠点を含めて。と同時に、テキストの読みの粗雑な評論、あるいは研究の類に、強い疑問を抱くようになった。

読みには段階がある。そのほどにはほとんど限りがない。それは、日常、自分の環境の事物を見る、その見方のほどに限りがないのと本質的には違っていないと思う。自分のかつてのいくつかの評論がそうであったように、読みの粗雑な評論には説得力が伴わず、とかく声が高い。小説を書くことを知った私が自分の評論に求めるようになったのは、出来るだけ具体的な平明な言葉で、事物としての文章の分析帰納を行うこと。事物としてのテキストの読みが、文章に即して謙虚であり、杜撰でさえなければ、具体的かつ平明な言葉での客観化は不可能ではないであろうし、説得の力、普遍の力をもつ論述は可能のはずだということである。

テキストをよく見ていない抽象的な物言いを恐れること。テキストの分析帰納では、事物としての言葉遣いに対する認識のしかたそのものが問われるが、そこで大切なのは、繰り返せば、文章に対応する謙虚さと、もう一つ、[A]かもしれない。この二つは矛盾するようで実はそうではないのを私はようやく感じ始めている。

文章に対して、そこから何かを得ようとして読む場合と、さし当って小さな目的を持たず、文章から聞《きこ》えてくるものだけに聞き入ろうとする場合とを較《くら》べてみると、小さくても発見に類するようなことは、無目的の場合のほうに起《おこ》り易《やす》い。聞き入ろうとする自分の受け入れ態勢の如何《いかん》によって、仕込みの粗密によって、聞えてくるものの種類、程度はおのずから異るので、ただただ消極的に文章に対していればよいということではない。

2ほどに応じた土壌の耕しを怠らず、それでいて無目的の状態で文章に集中すれば、時折ひらめきのように頭を過《よ》ぎる何かに出会う。そうした現象はまさに甲トウライとしか言いようがないけれども、書き手にそういう時が実際に経験されているかどうかは、評論の文章そのものの弾みの違いになって表われると思う。（中略）

一人の自分の中に背き合うものがある。何とか折り合いをつけたいのにどうしていいかが分らない。人には年齢に応じた悩みがいろいろあると思うけれども、小さい頃の私の真面目な悩みのうちにはそういうこともあった。通った小学校は校則が厳しかった。と言ってもそれは後になって分ったことで、当時は比較できる他の小学校を知らないのだから、そういうものとして従うほかはなかったが、沢山《たくさん》の規則を守るために、子供なりに緊張を促される時間は多かった。欲望と自制。自然と不自然。自由と不自由。背き合うものを扱いかねながら、校則を守る快さだけでなく守らない快さも確かに感じ始めていた。病気で学校をよく休んだ。病気はいちどきに沢山の制限を運んでくる。世の中を暗く見せたり明るく見せたりする。

そんなことが次々に重なって、これも後になって知った言葉で言えば、自分の中に理性と感性という相容《い》れないもののあることを次第に強く意識するようになり、気味悪く思うようにもなっていった。私は読み書きは嫌いなほうではなかったがいわゆる文学少女ではなかった。書くのは文章よりも絵のほうに快さを感じていた。背き合うものを意識する機会は、成長するにつれて増える一方になった。気味悪さは不安になって沈んでゆく。この背き合いに折り合いをつけるのは、この不安を無くするのは人間の賢さではないだろうか。もっともっと賢くならなければ。

超える、のではなく、消えるはずと考えた浅はかさをそうとも知らず、ろくに見えてもいない世の中の端で呼吸しながら藻掻《もが》き続け、縋《すが》りつく思いで辿《たど》り着いたのが 3 *波多野精一著『西洋哲学史要』。世界の「本源」「原質」に目を瞠《みは》った私は女学生だった。不安の解消を求めて辿り着いた場所は、しかし人智の頼もしさではなく、叡智《えいち》の限りを思い知らせる場所でもあった。すぐれた宇宙解釈、根源についての分析帰納は次々に否定され、説ごとの命は常に否定されるまでのものでしかない。不動のもの、不変のもの、絶対のものを求めて縋りついた書物に、不動、不変、絶対の叡智は無いと知らされた人生初期の衝撃は、以後長く尾を曳《ひ》くことになる。

今から思えば、安直に解決法を求めた当然の結果であるが、自分の内部での折り合いを求める心が、世界との折り合いを探る方向に延びてゆき、やがてその過程で、言葉で生きる人間のよろこびを知ることになる。人間、世界のすべてを受け容れる文学という 乙 ウツワの大きさ。私自身のいかにも遅い文学への目覚めを、私はこの一冊の哲学史の恩恵なしでは語れない。時空をあのように見た叡智の歴史は、人間の目の歴史でもあろう。目に見えるものを見るだけでなく、目には見えないものを見るのも人間の大きな仕事である。目の怠慢がもたらす表現のなおざりは、結局、この世界の部分として生きる人間の、生き方そのもののあらわれになる。

注 ＊波多野精一…一八七七〜一九五〇。宗教哲学者。『西洋哲学史要』は一九〇一年に刊行された。

問一　傍線部甲・乙の片仮名を漢字に改め、楷書で記せ。

甲	乙

2点×2

問二　傍線部1「結論めいた文章を書かない不安と私は長く争うことになる」とあるが、それはなぜか。その理由として最も適切なものを、次のア～オの中から一つ選べ。

ア　小説も評論もともに感動の拠り所を明確にしたうえで、背後で統一する理性の存在を結論に明示することが求められたから。

イ　評論への欲望と小説への欲望がともに矛盾することなく共存していることから、どちらかの方向性を明確にすることが困難になってしまったから。

ウ　評論に対する考え方と小説に対する考え方とが融合してしまったため、具体的な事物を通して結論を読者にゆだねることがうまくできなかったから。

エ　小説を書き始めたときに評論と類似した方法によって事物の抽象的な処理を試みていたために、論理的な分析帰納を効果的に進めることができなかったから。

オ　言葉によって明確な結論を出すという評論の手法に慣れていたことから、それが特に必要とされていない小説の手法になかなか馴染むことができなかったから。

8点

問三　空欄［Ａ］に入る語句として最も適切なものを、次のア～オの中から一つ選べ。

ア　具体的で平明な言葉　　イ　文章そのものの抽象性

ウ　ひらめきのような直観　　エ　聞き入ろうとする受け入れ態勢

オ　具象に戻る作業を繰り返す辿々しさ

［　　］

7点

問四　傍線部２「ほどに応じた土壌の耕しを怠らず、それでいて無目的の状態で文章に集中すれば」とあるが、これはどのような意味か。その説明として最も適切なものを、次のア～オの中から一つ選べ。

ア　自身の事物の見方に限りがないことをわきまえつつ、成果を期待せずひたむきに文章に親しめば、という意味。

イ　自身の問題意識に応じた多様な内容を取り入れつつ、特に実利的な目的を意識しないで文章を読めば、という意味。

ウ　自身の能力に応じて教養をつちかうように努力を重ねつつ、虚心にかつ積極的に文章を読むように心がければ、という意味。

エ　自身の関心に対応した多くの疑問を抱きつつ、文章のメッセージを批判的に把握しようとして文章を読み解けば、という意味。

オ　自身の謙虚な側面を尊重しつつ、事物としてのテキストの読みを確かなものに構築しようとして文章に向き合えば、という意味。

8点

問五　傍線部３「波多野精一著『西洋哲学史要』」は、筆者にとってどのような書物であったのか。その説明として最も適切なものを、次のア～オの中から一つ選べ。

ア　人間の叡智には限界があって、世界の根源についての解釈がいかに困難なものかを物語ってくれた書物。

イ　文学が懐の深いものであることへの開眼をもたらし、評論よりも小説を書くという方向を積極的に拓いてくれた書物。

ウ　小学校の校則に象徴されるような多くの規則を守るための緊張を解消して、大人への成長の基盤を形成してくれた書物。

エ　時空の解釈というスケールの大きな方向に視野を開き、絶対的なものへの憧憬を具現するための歴史を学ばせてくれた書物。

オ　自らの中に潜在する理性と感性の問題に折り合いをつけつつ、本質的な不安を解消するために様々な知見を増やしてくれた書物。

8点

問六　この文章全体を通して、筆者が特に主張したいのはどのようなことか。その説明として最も適切なものを、次のア～オの中から一つ選べ。

ア　自らの内部に潜む背き合うものの存在を強く意識したときに、何とか折り合いをつけるために文学を志すようになっていった。

イ　読むことは謙虚な行為でありかつ杜撰な態度は避けることに直結するから、他者と交渉しつつ人間的な成長を遂げる必要がある。

ウ　評論や小説を書いてきて思うのは日々ものを見るという行為の重さであり、すべては見るに始まると言えるほど、「書く」は「見る」に支えられている。

エ　根源的な不安を解消するために人間の叡智が必要となるが、それを獲得するためにも積極的な態勢を常に維持しつつ常に文学から何かを得ようとしなければならない。

オ　小説よりも評論を先に発表していたのは自然の成りゆきとも言えることだが、評論と小説との接点を特に意識したのは小説の根底に存在する感動に気づいたときのことである。

9点

問七　筆者の竹西寛子は広島県出身の小説家・文芸評論家で、早稲田大学に学び、原爆を題材とした『管絃祭』などの小説を執筆している。次の１・２の問いに答えよ。

1　同じ広島県出身で早稲田大学に学び、原爆を題材にした小説を執筆した作家を、次のア～オの中から一人選べ。

ア 村上春樹　イ 林京子　ウ 野坂昭如　エ 寺山修司　オ 井伏鱒二

２ １で選んだ作家の原爆を題材にした長編小説の題名を、記せ。

1	
2	

3点×2

50点

〔出典：竹西寛子『「あはれ」から「もののあはれ」へ』（岩波書店）〕

大学入試　全レベル問題集　現代文　⑤私大最難関レベル（別冊）

大学入試

全レベル問題集
現代文

河合塾講師　梅澤眞由起　著

⑤ 私大最難関レベル

はじめに

日本の教育が大きく変わろうとしています。グローバル化に対応して、自分の意見をはっきりと主張し、なおかつみんなと協力していける人間が求められています。学校でも積極的な発言が求められ、そういう人間を評価するように学校現場が変わってきています。つまり外部に自分をアピールできる人間が評価されるのです。

でも自己アピールが評価されるならば、誰もがそういうキャラを作ろうとするでしょう。そして若い人たちは自分が他人からどう見られるかということに敏感になり、自分の心と対面する時間を失います。だからといって他人との関係が充実しているわけではありません。だって相手を気にしてばかりいるのですから。

そういう若い人の不安定さが気にかかります。今必要なことは、他人や情報に振り回されない孤独な時間を作ることです。孤独の中で自分の心と向き合うことです。孤独の中で自分と出会い、そこから他者へと開かれていくことの中にしか、自分を安定させる道はないのです。

僕はそんな孤独な時間をこの問題集を通じてもってほしいと思います。現代文の問題を解くことは、自分の考えの筋道をたどり、他者と出会うことだからです。そうした時間が、いつしか自分がなにをどう考えているのか、他者はなにを考えているのか、という想いを抱くことへと通じると思っているのです。

筆者の思考に思いを馳《は》せながら、筆者の提示した問題に対して、自分なりの考えを深めていってください。

梅澤真由起

目次

編集協力 (株)ことば舎/(株)友人社/渡井由紀子
装丁デザイン (株)ライトパブリシティ 糟谷航太
本文デザイン イイタカデザイン

この問題集の構成と使いかた

まずは別冊の入試問題を解きましょう。
目標解答時間が示されているので、時間をはかることも忘れずに。

問題を解き終えたら、いよいよ解説に進みます。
各講の解説は、大きく分けて、つぎの二つに構成されています。

■**問題文LECTURE**■…出題された文章、つまり問題文そのものを細かく読み解きます。
読解のポイント、**ひとこと要約**などで頭の中をしっかり整理してください。

■**設問LECTURE**■…出題された設問を解説していきます。自分自身がひっかかってしまった点をここでしっかり解決しましょう。

本冊で使用する記号について

ムズ …間違えても仕方のない、ややむずかしい設問に示してあります。

大ムズ …むずかしくて、かなり正答率の低い設問に示してあります。

合格点30点 …〈予想される平均点＋1問分〉として示してあります。

語句ごくごっくん …問題文に登場した重要語句を解説しています。言葉を飲み込んで、みんなの血や肉になることを意識したネーミングです。しっかり飲み込んでください。

L42・L42・(L42) …問題文での行番号を示しています。

梅POINT …現代文の大事なポイントをひとことでビシッと示しています。同じ種の設問などにも共通するポイントなので、頭のひきだしに入れておきましょう。

テーマ 言語1 …各講の問題文で扱われたテーマについて、もう一歩踏み込んで解説しています。

チョイマヨ …間違えやすい、〈チョイと迷う〉選択肢に示してあります。

志望校と「全レベル問題集　現代文」シリーズのレベル対応表

シリーズラインナップ	各レベルの該当大学　※掲載の大学名は本シリーズを活用していただく際の目安です。
①基礎レベル	高校基礎～大学受験準備
②共通テストレベル	共通テストレベル
③私大標準レベル	日本大学・東洋大学・駒澤大学・専修大学・京都産業大学・近畿大学・甲南大学・龍谷大学・東北学院大学・成蹊大学・成城大学・明治学院大学・國學院大學・亜細亜大学・聖心女子大学・日本女子大学・中京大学・名城大学・京都女子大学・広島修道大学　他
④私大上位レベル	明治大学・青山学院大学・立教大学・中央大学・法政大学・学習院大学・東京女子大学・津田塾大学・立命館大学・関西大学・福岡大学・西南学院大学　他
⑤私大最難関レベル	早稲田大学・上智大学・南山大学・同志社大学・関西学院大学　他
⑥国公立大レベル	東京大学・京都大学・北海道大学・東北大学・信州大学・筑波大学・千葉大学・東京都立大学・一橋大学・名古屋大学・大阪大学・神戸大学・広島大学・九州大学　他

志望大学別出題分析と学習アドバイス（2015年現在）

早稲田大学

早稲田は、学部ごとに出題パターンの特徴が異なる。現代文では、長大で難解な問題文を課す学部が多いうえ、学部によっては古文・漢文との融合問題が出題されることもある。

政治経済学部

国語は、大問3題で、うち現代文が2題、残りが古文・漢文の融合問題。試験時間は90分。

現代文では、3000字強の重厚で抽象的な評論と、随筆が出題されることが多い。

設問は、傍線部の内容説明・理由説明や空欄補充が出題の中心。漢字・慣用句などの知識問題、文学史の出題もある。近年は40～70字程度の記述問題が出題されることも多い。

法学部

国語は、大問3～4題で、うち現代文が2題、残りが古文や漢文。試験時間は90分。

現代文では、4000字程度の抽象的で専門的な評論が問題文とされることが多い。文章の難易度は極めて高く、読解には語彙力と論理的思考力が問われる。

設問は、傍線部の内容説明・理由説明や空欄補充が多く、筆者の言いたいことを正確に読み取る力が必要。例年、最後に130字程度の記述問題が出題されている。

文学部

国語は、大問4題で、現代文2題・古文1題・漢文1題で構成されている。試験時間は90分。

現代文では、2000字～4000字程度の長短幅広い評論が問題文とされることが多い。

設問は、傍線部の内容説明や空欄補充を中心に、さまざまな形式の出題がある。

商学部

国語は、現代文1題と古文・漢文1題の計2題で構成されている。試験時間は60分。

現代文では、3000字～4000字程度の評論が問題文とされることが多い。

設問は、傍線部の内容説明や空欄補充が中心。漢字・慣用句などの知識問題の出題もある。

教育学部

国語は、大問3題で、うち現代文が2題、残りが古文・漢文の融合問題。試験時間は90分。

現代文では、3000字～4000字程度の高度な内容の評論が問題文とされることが多い。

設問は、傍線部の内容説明や空欄補充のほか、漢字・慣用句などの知識問題や文学史の出題もある。

上智大学

国語は、学部・日程によらず大問3題でマーク式。うち現代文は1～2題で、残りが古文や漢文。試験時間は基本的に60分。

現代文では、1800字～3500字程度の硬めの評論が問題文とされることが多い。また、経済学部などでは、明治～昭和初期の文語文から1題出題されることもある。

設問は、傍線部の内容説明・理由説明が多く、空欄補充問題の出題は少ない。

南山大学

国語は、大問4題で、うち現代文が3題、古文か漢文が1題で構成されている。試験時間は基本的に90分。

現代文では、1500字～3000字程度の評論が問題文とされ、随筆が出題されることもある。

設問はマーク式が中心で、空欄補充、傍線部の内容説明・理由説明が多く出題される。ほかには内容合致や脱文挿入、漢字の読み書きや語句の意味、文学史に関するものも出題されている。

同志社大学

国語は、現代文1題・古文1題の計2題で構成されている。試験時間は75分。

現代文では、5000字～6000字を超える評論が問題文とされることが多いため、時間配分に注意する必要がある。

設問は、内容合致や傍線部の内容説明・理由説明、空欄補充が出題の中心。これらマーク式の問題のあとに、40字の記述問題が出題されることが多い。

関西学院大学

国語は、現代文1題・古文1題の計2題で構成されている。試験時間は基本的に75分。

現代文では、3000字～4000字程度の評論が問題文とされることが多く、哲学・思想から政治・経済まで、その内容は多岐にわたる。随筆が出題されることもある。

設問は、空欄補充と傍線部の内容説明・理由説明が多く出題される。

青山学院大学

国語は、大問2～3題で、うち現代文が1～2題。学部や年度によっては、これに古文が1題加わる。試験時間は基本的に60分。

現代文では、2000字程度～5000字以上まで長短幅広い評論が問題文とされ、随筆が出題されることもある。

設問は、知識問題から内容合致など読解力や文脈把握の力を問う設問まで幅広い。

現代文について

問題を解く前に、みんなに、どうやって問題を解くかという自分なりのスタイルを考えてほしいと思います。たとえば読みながら解くのか、一度最後まで読んでから解くのか？　まあ絶対ではないですが、僕は一度最後まで読んでから解くことを勧めます。そのほうが文章全体が視野に入るからです。読みながら解くと、問題文の読解が中断されるし、またたとえば、まだ読んでないところに解答の根拠があるのに、それを見ないで、ただ単に今まで読んできたところに書いてあったことが書いてある選択肢を○にしてしまう、なんてリスクがあります。ただし時間が足りない人は意味のブロックごとに問題を解く（あるいは、つぎの傍線部のところまで読んで、前の傍線部の問題を解くとか）、というのも仕方がないと思います。そのときはまだ読んでないところに根拠があるかもしれないと思うことと、全体の流れを意識すること、を忘れないでください。そして、つぎのポイントを忘れないでください。

梅 POINT

選択肢問題は、すぐに選択肢を見ないで、問題文からヒントや正解の要素をつかみ、それを含んでいる選択肢はどれか…という積極的な方法で選ぶべし。それでも手がかりがつかめない場合は消去法*に転換すべし。

梅 POINT

*消去法で傍線部問題を解くときにも、単に問題文に書いてある・書いてない、という理由だけで○×にするのではなく、傍線部や設問の問いかけとマッチしていることを正解の基準にすべし。

＊消去法…間違いや問題文に書いていないことを含む選択肢を消していって、正解を選び出す方法。

では、一応僕が勧める、「一度最後まで読む」というスタイルで、つぎのページに「現代文のお約束」を書いておきます。

「現代文のお約束」

学習する上でのこころがまえ

◆時間配分に注意

どんなにむずかしい文章でも、問題文の読解に時間をかけすぎてはいけない。もち時間の60％は設問の吟味に使おう。

◆二段階のチャレンジ

❶時間を決めて（問題冒頭の〈目標解答時間〉参照）、アラームが鳴るとか、ホントのテストのつもりで解く。

❷その2、3日あとに、他人の立場に立ち徹底的に自分の解答にツッコミを入れて、なぜこの解答にしたのか、他人に説明できるようなチェックを行う。最初のテスト時間内にできなかった部分や、あとで書き換えた答えは青で記す。もとの答えは残しておく。

解法の手順

1 設問を見る

①傍線のない設問（趣旨判定以外）は**問題文全体を意識しよう**。相違点説明・分類分け・違うもの探しなどの設問は**対比を意識しよう**。

②脱落文補充・整序問題・正誤修正問題があるか、を確認しよう。時間がかかるので時間配分に注意！

③記述問題・抜き出し問題があれば、該当する傍線部の表現を覚えておこう。

2 〈大きな（＝マクロな）つながり〉をつかむ

テーマを読み取り、文章の大きな（＝マクロな）つながりと意味のブロックをつかもう。初読は最大でも10分で済ませる。わからないところは読み飛ばす。細かく読み過ぎない！　可能ならば、頭の中でもよいから、テーマを20字程度でまとめる。

● 文構造の種類

イイカエ

Aに傍線を引いて、もう一方の内容（A´）をもとに説明させたり、Aと同じ内容の部分（A´）を手がかりにしてAを説明させたりする設問が作られる。

A´＝A

A…言葉には複数の意味がある
＝
A´…言葉は多義的だ

具体（例）と抽象（まとめ）

イイカエの〈つながり〉の変形バージョン。具体例（A）の部分に傍線を引き、Aを抽象化させたり、イコール関係にあるまとめ（A´）の部分の内容を問うたりする設問が作られる。

A（例）＝A´（まとめ）

A（例）…父は今日も残業だ
＝
A´（まとめ）…日本人は勤勉だ

対比

二つの対照的なことがらを比べ合うのが対比。二つの違いを問う相違点説明や、同じグループにある語句の組み合わせを問う設問などが作られる。Aに関することが離れた所にもう一か所あれば、それをつなぐとイイカエの〈つながり〉が作られることにもなる。

〈B〉↔A

A…文学は主観を大切にする
↔
〈B〉…科学は客観性を重んじる

因果関係

論理〈つながり〉のメイン。問題提起をした文章や「どうしてか」ということを追究した文章では、結果や事象（A）に傍線を引き、その理由（B）を問うという設問などが作られる。理由説明問題がある場合は、展開のある文章であることが多く、視野を大きくもち、論理的に整理していくことが求められる。

A（結果）←B（理由・原因）

A（結果）…科学の発展
←
B（原因）…産業革命

● 初読の際の具体的な作業

① 段落冒頭の接続語・指示語や段落間の共通語句をチェックし、段落同士の話題のつながり、境界・区分け（意味のブロック）を把握する。

② 対比（二項対立・日欧比較文化論・近代とほかの時代・筆者の意見とほかの意見や一般論との対立）をつかむ。できたら、対比関係にあることがらのどちらか片方を〈　〉で囲む。

③具体例は軽く読む。「このように・要するに・つまり」などで始まる〈まとめ〉の部分に傍線を引く。

④引用、比喩もイイカエ関係なので、具体例と同じように扱う。

⑤問題提起とそれに対する筆者の結論に傍線を引く。

⑥筆者の考えが強調されているつぎのような箇所や、繰り返されている内容に傍線を引く。

「もっとも大事なことは～」

「～こそ必要である」

「～しなければならない」

「このように（して）～」　＊まとめの表現

「～ではない（だろう）か」　＊打ち消しを伴う問い

注意点

・傍線は引きすぎないように。自分が大事だと思う箇所に傍線を引くのではなくて、筆者が大事だということを示している右のような箇所にだけ傍線を引く。

・漢字と分類問題・違うもの探しなどは初読のときに解いてもよい。

3〈小さな（＝ミクロな）つながり〉をつかむ

設問ごとに、改めて問題文をチェック。

①傍線部が、傍線部を含む文の中でどんな位置にあるか確認する（傍線部の主語は？　述語は？）。

②解法の手がかりを得るために、傍線部前後の**接続語**と**指示語**を意識する。

③傍線部の近く、あるいは遠くの**イイカエ関係**に注目する。

●傍線部問題の注目点

①傍線部自体の意味・難解語の解読には語彙力が必要（内容説明問題ならその語句のイイカエを考える）。

②傍線部やその前後の表現と同じか類似の表現をチェックして、それらと同じ表現のある箇所をつなぐ（内容説明問題ならイイカエ部分を考える。理由説明問題ならイイカエのある部分の前後に手がかりを探す）。

●空欄補充問題の注目点

①空欄が、空欄を含む文の中で主語・目的語・修飾語・述語のどれにあたるか判断しよう。

② 空欄と前後の語との〈つながり〉を確認しよう。
③ 空欄の前後の文との小さな〈つながり〉を指示語・接続語で確認しよう。
④ 空欄前後の表現と同じか類似の表現をチェックして、それらと同じ表現のある箇所をつなごう。
⑤ 問題文全体や段落のテーマや筆者の立場、ことばづかいと合致するものを空欄に入れよう。

4 趣旨判定問題などを解く

趣旨判定問題は、間違いを見つけたり、問題文に書いてあるかないかを吟味したりする消去法でいいが、ほかの問題は自分でヒントや正解の要素をつかみ、それを含んでいる選択肢はどれか、という積極的な方法で正解を選ぶ。問題文に書いてあるから、という理由で単純に○にしてはいけない。

復習しよう

① 解説を読もう。
② 問題集に書き込むなら最初にまっさらな問題文をコピーしておいて、文章の全体の流れ（大きなつながり）を意識し、自分のことばでかみ砕いて読もう。
③ 声に出して誰かに説明するように、それぞれの設問の解きかたをもう一度確認しよう。
④ 語句を確認しよう。
⑤ 200字程度の要約を行う。各講に載っている「200字要約」と照らし合わせてみる。できれば誰かにチェックしてもらおう。
⑥ 数学と同じで、同じ公式を違う問題で使えることがポイント。なので、今まで書いてきたようなルールを確認し、すぐに新しい問題にチャレンジしよう。

1 評論

『文明のなかの科学』

上智大学

別冊(問題) p.2

解答

問一	問二	問三	問四	問五
a	b	d	c	c
9点	9点	9点	5点	f
				(順不同) 9点×2

ムズ 問一、問二、問四

合格点 32点

/50点

問題文LECTURE

語句ごくごっくん

L2 **実体**…正体。本体。実質

L2 **概念**…物事についての一般的な考えをことばで表したもの

L3 **歴史的**…①歴史に関連するさま ②歴史に残るような偉大な ③ある時代に作られた

L5 **派生**…おおもとのものから分かれ生じること

L7 **象徴**…抽象的なものごとを具体的なものに置き換えて暗示すること。またその具体物自体

L21 **機構**…仕組み。構造

L21 **慣習**…ならわし

L27 **倫理**…人間のあるべき姿に関する考え

L32 **淘汰**《とうた》…①不要なものを除き去ること ②適応するものが残り、適応できないものが死滅すること

L32 **掣肘**《せいちゅう》…外から干渉して自由にさせないこと

L35 **擬(疑)似**…本物と似ていること

L38 **イデオロギー**…①主義主張 ②集団や個人を支配している考えかたや信念

L40 **示唆**…それとなく示すこと

L44 **文化人類学**…ある文化を、実地調査を中心にして研究する学問

L44 **抬《たい》(台)頭《とう》**…勢力を伸ばしてくること

L46 **命題**…テーマ

L46 **強迫観念**…頭から離れない、ある考えやイメージ

L48 **淵源《えんげん》**…ものごとの起源、根本

読解のポイント

・文化(=農耕)…人為と自然を対置し、人間が自然に介入する行為

≒

・一八世紀以前の文明…自然の人為化

⇔

●一八世紀以降の「文明」…徹底した自然の管理

問題文は、傍線部**2**のあとの「しかし」で、一八世紀以降の時代へと大きくシフトしていきます。このように〈意味のブロック〉は、接続語や指示語などで区分けすることが多いです。形式段落にこだわらず、区切ることもできるようにしましょう。

ではまず一八世紀以前の時代について説明します。第1・第2段落は一八世紀以降の「文明」に関わるので、あとで扱います。

I 一八世紀以前の「文明」と「文化」(L10〜L29)

「自然の人為化」=自然に人間が手を加えること、を行った例は、エジプトやメソポタミアにもありました。それは今から見ると「文明」と呼ぶこともできますが、本来「文化」と呼ばれるものでした。おそらく一八世紀以降の人間は、自分たちの見かたを過去にも押しつけて、あれも「文明」の元祖(=「擬似的、あるいは初期的な段階」(L35))と呼べるな、と見なして、「文化」であるはずのものを、「エジプト文明」とか呼んだのです。

「文化」の語源は「culture」で「農耕」です。「農耕」は「自然に対する人為の働き掛け」(L16)です。農耕社

会では、「貯蔵や分配」に関してさまざまな「制度や機構」が生まれ、それを記録する必要から「文字」なども作り出されます。こうしたもろもろの仕組み（＝「体制」（L24））が具《そな》わった「集団」を「社会」というのですが、その「社会」の制度などや価値観をまとめて「文化」と呼ぶのです。このときの「文化」は「culture」の意味と通じており、「人為」と「自然」とを分け、「自然」に「人為」が介入することを意味しています。そしてかつての文明もこうした意味を超えるものではありませんでした。

Ⅱ 変容した文明（冒頭～L9＋L29～ラスト）

「文明」という言葉の語源となったのは、一八世紀に造られた「civilization」です。この言葉は「市民」や「都市」と関わり合いのある言葉です。だから「文明」は「都市化」や「市民化」と関係があります。ただし「都市」や「市民」というのは結局「人為」ということに落ち着く、と筆者は述べています（L7）。「文化」も同じような意味をもっていました。とすれば一八世紀以降の「文明」と「文化」はどこが違うのでしょうか？ 一八世紀以降のヨーロッパでは「科学・技術」（L2）が姿を現してきます。「農耕」から「科学」へ。「農耕」はまだ「自然」に支配されていて、手ぬるい。品種改良などをし、人間にとってよいものだけを育てて（＝「人為淘汰」）も、「穀物や野菜」の収穫は「自然」に干渉され（＝「掣肘」）、人間の自由にはならない（L30～L33）。

一八世紀以降の人間は、それが我慢ならなかった。人間はイチバンでなければいけない（こういう考えかたを**人間中心主義**といいます）。だから一八世紀以降の「文明」はL2にもあるように、「近代的な科学・技術」とペアになって、「徹底した自然への介入」→「徹底した自然の管理」を行おうとする。そしてこれが「文化」から「文明」へのスライドと一致します。「文明」は「人為によるより徹底した自然の管理」（L38）を目指すという価値観（＝「イデオロギー」）によって、人間が自然から自立した存在となることを、「強迫観念」にとりつかれたように目指したのです。近代の人間は、人間も自然の一部だということを忘れて、人間が自然を支配することを「善」と考えました。そうした科学文明を「善」とする考えかたの中に、「環境問題」が生まれる「淵源」

(L48) があったのはいうまでもありません。

テーマ 文明と文化

一般的には、**文化**は人間の感情や精神活動によって生み出されたもの、をいいます。地域や民族に独特のもの、という意味でも用いられ、その地域の言語、生活様式などを指します。

これに対して**文明**は人間が生み出した、おもに技術的、物質的な側面をいいますが、これは西欧文明が技術などによって世界を制覇したことが背景にあります。そういう点でも**文明**は**文化**よりも世界的な広がりをもつものをいうことが多いです。

ひとこと要約

一八世紀以降の科学「文明」は自然の管理を目指し、自然を破壊した。

200字要約

満点30点

[a]文明の語源はヨーロッパの近代の歴史と内的な関連がある。[b]ヨーロッパ語の文化の語源は[d]農耕つまり[c]自然への人間の働き掛けである。それゆえ文化とは人為を自然と対置させ[f]自然に介入する試みであり、[e]歴史上の文明もそうした文化の範囲内にあった。だが一八世紀以降の文明は人為による徹底した[g]自然の管理を目指し、[h]自然から自立した人間が自然を征服することを善と考えた。そこには環境問題を引き起こす思想も内包されていたのである。(199字)

＊a…「内的」は「構造的」も可。

＊d…文化が人間と自然を分けることだという内容があればよい。

＊f…「管理」は「支配・征服・収奪」などでもよい。

＊g…「fのような考えかたを肯定した」という内容であればよい。

a…2点／b〜h…4点

設問LECTURE

問一　傍線部の内容説明問題

「civil」（都市・市民）→「civilization」（都市化・市民化）とのつながりで、「文明」という語が成り立ちました。そして「civil」（都市・市民）という具体的なものには「人為」という抽象的なものが「象徴」（L7）されています。すると「文明」は、**〈①「人為」を象徴する「都市・市民」という語に源をもつ〉**、ということがいえます。

また**「人為」は「自然」の反対概念**です（②）。こうした①・②の内容をもつのが「文明」という概念であり、とくに②の要素が一八世紀以降では強調されて**「自然」や「未開」と区別された概念として展開されていきます。**

さあここで選択肢を見るのです。**はじめから選択肢を見るのはやめましょう。まずは自分で考えて、根拠やヒント、正解の要素を見つけてから選択肢を見ましょう。そうしないと自分で考えるという習慣がつかず、読解力や思考力がアップしません。**

ただし、この設問は正解が少し見えづらいです。問題文の表現をそのまま使っておらず、抽象的な表現に変えられているからです。どの選択肢にも出てくる「本来の意味が表している内容」というのは、「civilization」の根本にある「人為」のこと、また「対置する概念（＝対立する意味）」とは「自然」のこと、というイイカエが見抜けましたか。

それがわかれば、**aが正解**だとわかるでしょう。

b「抽象化」・「包含」、d「前提」・「対立する意味に焦点を当てた」は問題文の内容と一致しません。c チョイマヨ は「対置する概念（＝自然）が象徴する」というふうに、「『人為』」が「『都市』や『市民』として象徴される（＝都市や市民が（「人為」を）象徴する）という問題文と、主語や内容が食い違っているから×です。「一般化」も問題文には書かれていない内容です。

ムズ

解答　a

問二　傍線部の理由説明問題

傍線部**2**のあとに逆接の「しかし」があり、そのあとに「一八世紀」以降の話が続くことを考えると、傍線部の「文明」は「エジプト文明」などのことを指していると考えられます。

そのことを踏まえて傍線部の意味を考えると、文明は文化の一つだ＝〈文明は文化の中に収まる〉とイイカエることができます。このことと、「それら（＝「エジプト文明」など）は本来は『文化』であって、『文明』ではなかった」（L13）は同じことを述べてます。

ではなぜ「エジプト文明」などの「文明」は「文化」の一部なのでしょう？　それが、この設問で問われていることです。

「エジプト文明」などは「遠い過去」の「自然の人為化」（L11）の例として示されています。「文化」も、「人為」が「自然」に「介入し、手を加える」（L18）ことです。両者に〈人為による自然への介入〉という共通点があるから、「文明」が「文化」に収まる、といえるのです。これを傍線部に対応するようにいい直すと、**〈①自然に対する人為の介入という性格をもつ過去の「文明」は、同様の性格をもつ「文化」の範囲に含まれるから〉**、ということになるでしょう。

でもここで簡単に答えを出させてはくれません。傍線部直前に「したがって」という順接・因果関係を表す語があり、前の段落の内容が傍線部の理由になることはわかりますね。そこには、「社会」の中の「制度や機構」、「価値観の総体」が「文化」だと定義されています。つまり「社会」的なものと「文化」は内容的にほぼ重なるということです。

ではこの「文化」の定義を先の①に代入するとどうなりますか？　**〈自然に対する人為の介入という性格をもつ過去の「文明」も、「社会」の中の「制度や機構」、「価値観の総体」の範囲に含まれるから〉**となります。

こういうふうに説明すれば、前の段落を受けた文脈に即した〈理由〉の説明となります。そしてこの「含まれる」を「逸脱していない」とイイカエれば、**b**になります。「自然に対する人為の介入」という点は、ほんとは大事なポイントなのですが、カットされてます。正解らしく見えなくしてしまうのが上智の選択肢の特徴です。

aは、「文化」と「文明」を異なるものとしてとらえています。でも「文化」と異なる「文明」は、一八世紀以降の「文明」であり、傍線部の「文明」ではありません。そもそも傍線部の理由は「文明」と「文化」が類似するという内容でないといけませんね。だからaだけでなく、両者がズレているというcも×です。d チョイマヨ は「『文明』ではなく」といってしまうと、「文化」と「文明」とが違うと述べていることになり、ほかの選択肢と同様、ダメです。

ムズ **解答** b

問三 傍線部の内容説明問題

傍線部**3**の「その言葉」は「『文明』という言葉」のことです。「文明」という言葉が生み出されたのは問題文冒頭に書かれているように「一八世紀」です。だから傍線部の「その言葉を生み出した本来の観点」とは「一八世紀」の人々の見方です。この「観点」から見れば、「エジプト文明」などは「初期的な段階」に見える、という傍線部直後の内容も、この「観点」が一八世紀のものであることを示しています。「エジプト文明」などがニセモノくさく見えるというのですからね。すると「一八世紀」の人々の考える「文明」がどのようなものであったか、を答えればよいのです。それは「人為によるより徹底した自然の管理」(L38)。なので**正解はd**。

aのように、「人為と自然とを対置する」だけだと、L17の「文化」と変わりません。もう一段階進んでいなければ「文明」になりませんからダメです。b「調和」は「自然から独立し自立」(L40)しようとすることと×です。「自然を排除」するのではなく、自分の力のもとに置き「管理」するのですから、「排除する」というcも×です。

解答 d

問四 空欄補充問題

空欄**X**は「『文明』という概念のなかで育ち」、「近代人の強迫観念にさえなった」のですから、近代の「文明」の「命題(=テーマ)」です。近代の「文明」は、「自然を管理し、支配し、征服し、収奪する」(L47)ことを目指したのです。そしてそれは人間が「野蛮」=「自然」から抜け出すことでもありました。こうしたことに合致するのは**c「人間は自然のままでいてはいけない」**という内容です。

a「調和」は「収奪」と食い違うし、d「管理してはいけない」は逆です。b チョイマヨ は「逃げないで、管理しろ」といっているのだと考えると合っているようですが、「逃れてはならない」というと、逃げようとしているかのようにもとれます。そうなるとおかしいですね。それに積極的に自然を管理していこうとする近代人の態度がcより明確に示されていません。

ムズ 解答 c

問五 内容合致問題

内容合致問題はまずは大まかに、問題文と食い違ったり、問題文に書いていないことを見つける消去法で見ていきます。読点で区切られたブロックごとに、問題文と照らし合わせてください。そして迷ったときに細かいところをチェックしていきます。難関大のレベルでは、正解が問題文の表現どおりではなく、かなりイイカエられているので、はじめから細かく選択肢を見すぎると混乱します。

またつぎのことを頭に入れておいてください。

・**一番悪い（ワースト1）の選択肢は、問題文の内容や筆者の立場と矛盾するもの、対比が混乱しているもの**
・**二番目に悪い（ワースト2）のは、問題文にナシ、つまり問題文に書かれていないことが書いてあるもの**
・**問題文の因果関係と違う、問題文にない因果関係がついている…右の二つほどじゃないけどかなり悪い**

でも、「因果関係がおかしいというのは、問題文と×だからワースト1じゃないの」と思う人もいると思います。でもここでいっているのは、たとえばAという内容、Bという内容は問題文と一致している、だけどAとBの〈つなぎかた〉がおかしい、という〈つなぎ〉の部分だけにキズがある、という選択肢のことです。だからワースト1とは区別してください。とにかく選択肢をランキングしてキズの少ないものを選ぶということを身につけてください。選択肢問題はあくまでも相互の比較なので、ほかのがまったくダメな場合に、たとえば因果関係だけがおかしいという選択肢を正解にしなければならないこともありえます。そうした柔軟な対応が現代文では大事です。また、

梅 POINT
「二つ選べ」という問題では、100点二つ（あるいは0点二つ）ではなくて、並べてみて上位二つ（下位二つ）というふうに考えるべし。

だからキズがあっても正解になることもありますよ。

では選択肢を一つずつ、消去法で見ていきましょう。

a…「農耕社会」が「集団」を形成していたことは*L* **20**以降に書かれています。また「さまざまな制度」や価値観を発達させたことも*L* **21**に書かれています。そしてそれらの「制度や価値観」を、まとめて「文化」ということも*L* **27**に書いてありますから、**a**は正しい。

b…「農耕」は「自然に対する人為の働き掛け」(*L* **16**) でした。でも一八世紀以降の「文明」はそれを「不徹底」(*L* **31**) なものに感じました。ですから**b**の後半は間違いではありません。**b**もOK。

c…「科学」と、自然を「管理」することとの関係は問題文に書かれてないので、**c**の前半には明確な根拠はありません。また「遠い過去の諸文明を真の文明と見なさなかった」のを「誤り」だという後半部も問題です。たしかに一八世紀以降の人間は「エジプト文明」などを「擬似的」だと見なしました。でもそうした判断を「誤り」だと筆者は断定してません。また**c**のようにいうと、「エジプト文明」も「文明」として認めろということになり、*L* **13**で「エジプト文明」などを「文化」だと述べていることともズレます。**cが一つ目の答え**です。

d…「文化」と「文明」が「一八世紀に」「明確に区別され」たことと一致します。また「現在の環境問題の思想的な背景」には「文明」の「イデオロギー」がある(ラスト)のですから、**d**のようにいうのは○。

e…「人間が自然から独立し自立する方向へ向かい始めた」のは、*L* **40**に書いてあるように、一八世紀以降の「文明」においてです。それは一八世紀以降の「文明」が、「文化」は「不徹底」で「擬似的」だと見なし、「文化」から分かれたときと一致します。ですから**e**も正しい。「文化」においても自然と人間は「対置」(*L* **18**) されていますが、「独立」・「自立」というところまで行くのは一八世紀以降の「文明」です。

f…「『自然』と『科学技術』との関係」については**c**でも書きましたが、はっきり問題文には書かれていません。大まかにいえば、第1段落にあるように、「文明」と「科学」は「関連」のある仲間ですから、「文明」と対置される**「自然」は、「科学」と〈対立する〉**。でも「文化」は「社会」の中の制度などの「総体」ですから、**「文化」と「社会」は〈対立しません〉**。つまり「自然」・「科学・技術」ペアと「文化」・「社会」ペアは、同じ「関係」ではありません。fのように「平行していた」というのは、〈同時に存在し、似たような関係にあった〉ということです。ですから**fは間違いで、これが二つ目の答え**です。

解答 **c・f**

2 評論

「『好きなこと』とは何か?」

同志社大学

別冊(問題) p.8

解答

設問	解答	配点
(一)	a 6 / b 1 / c 4	3点×3
(二)	ア 2 / イ 4	4点×2
(三)	3	6点
(四)	5	6点
(五)	1 / 5 (順不同)	6点×2
(六)	時間的余裕を活用できない人々に文化産業が楽しみを提供し、利益を得ようとするから。	9点

ムズ (二)ア、(六)

大ムズ (二)イ

合格点 37点

/50点

問題文LECTURE

語句ごくごっくん

L4 **逆説**…①一見常識に反する考え ②相反することがらが同次元に同時に存在すること

L42 **主権**…①ほかに支配されない国家統治の力 ②国家の政治のありかたなどを決める権利。この場合は②の意味

L70 **啓蒙**《けいもう》…人々に知識を与え、教え導くこと

L70 **弁証法**…相反するものが、一段高い次元で統合されること

L74 **概念**…**p.16 語句「概念」参照**

L86 **主体的**…自分の意志に基づいて考えたり、働きかけたりするさま

L107 **搾取**《さくしゅ》…階級社会で、資本家などが、労働者の作りだしたものを取りあげること

読解のポイント

・豊かになった人間が、その豊かさを喜べないのはどうしてか？
↑
・金銭と時間によって何をしたいのか分からない
↑
・好きなこと、楽しいことが分からない
↑
・楽しいことを文化産業から与えられる現代人

問題文は問題提起を重ねながら、論を展開していきます。その問題提起に従って、問題文を四つに分けて見ていきましょう。

Ⅰ 豊かさを喜べない・豊かさとは？（冒頭～L20）

人類は豊かさを目指して努力してきました。そして一部の世界では「豊かさ」を手にしているように見えます。なのに実は豊かさが「達成されると逆に人が不幸になってしまうという逆説」（L4）が登場してくるのです。

ではなぜ「その豊かさを喜べないのか？」（L6）。これが問題文の最初の問題提起であり、なおかつ問題文全体を貫くテーマでもあります。そして筆者はまず「豊かさ」ってなんだろう？ということを考え始めます。豊かさは二つ、

①金銭的余裕
②時間的余裕

です。この「余裕」＝「豊かさ」をゲットした人たちは、それを使って「自分の好きなことをしている」（L16）と答えそうです。

Ⅱ「好きなこと」って何？（L21～L58）

二つ目の問題提起、じゃ「『好きなこと』とは何か？」がL21で出されます。それは「豊かさ」をゲットできなかったときには「やりたくてもできなかったこと」、「趣味」＝「その人の感覚のあり方」だというのですが、では具体的にみんながしていることはどんなことなんでしょう？　筆者は、人々はテレビの宣伝から教えてもらっている、と語ります。「好きなこと」＝自分の

「感覚のあり方」を教えてもらう？

「好きなこと」ということばには、自分から能動的に選んだ、というニュアンスがありますが、それを教えてもらっているということは、もはやそれは本当に「好きなこと」ではない。

「ガルブレイス」という経済学者は、「現代人は自分が何をしたいのかを自分で意識することができなくなってしまっている」と述べています。広告などのことばによって、「ああこういうのが欲しいのかも」と自分の「欲望」を明確にしていくのです。「宣伝」ですから、それをきっかけにものの売買がされる。つまり「消費」が始まる。現代を「高度消費社会」と呼ぶことがあります。このことばは、「消費者」がメイン、というイメージを振りまきますが、その消費者に、「供給側」＝「生産者」が「『あなたが欲しいのはこれなんですよ』と語りかけ、それを買わせるようにしている」（L48）のです。だから「消費者」がメインではなく、「供給側」がメインです。

だとすれば、やはり「好きなこと」は人々＝「消費者」、が「自由に決定」した「欲望」なんかではない。自分が「自由に決定」した「欲望」でないとしたら、「願いつつもかなわなかったこと」でもないでしょう。

Ⅲ そもそも〈したい何か〉なんかあったのか？（L59〜L99）

二〇世紀の資本主義は「文化や芸術」を商品としてアピールします。音楽を聴いたり、それが「好きなこと」として「産業」側から、私たちに手渡されるのです。

こうした「文化産業」についての研究者に、「ホルクハイマー」「アドルノ」という二人がいます。彼らもガルブレイスと同じようなことを、「文化産業」に即して述べています。「文化産業」は私たちが「何をどう受け取るのかを先取りし、あらかじめ受け取られ方の決められたもの」を「差し出して」（L92）くるというのです。たとえば「楽しい」という人々の受け取りかたは、たぶんこうだろう、という想定のもと、「楽しい」ことを提供するのです。

こうした考えかたは哲学者カントの考えかたを真《ま》っ向《こう》から否定します。カントは、人間には世界を認識する「型」が備わっていて、たき火が燃えているということと、炎が熱いという感覚との間を「から」という因果関係で結びつける「主体」としての働きがあると考えました。これに従えば、なにかを与えられても、「これは楽しいから受け取ろう（楽しくないから受け取らない）」という主体としての判断が成り立つはずです。

でもアドルノたちの考えかたからすれば、そうした判断は現代人にはできない、ということになります。だって私たちは、「これが楽しいってことですよ」というふうに、「これ」と「楽しい」という感覚との結びつけかた＝「型」、まで文化産業に先取りされ、「あらかじめ受け取られ方の決められたもの」（L91）を与えられているのですから。近代的な「主体」という考えかたがそこでは成り立たなくなってしまっている、ということです。

Ⅳ ならばどうする？（L100〜ラスト）

現代人はなにが楽しいか自分でもわからない。そしていつの間にか金銭だけではなく、「時間的余裕」も文化産業に「搾取」されています。そしてそれが資本主義を推し進める原動力になっている。「ならば、どうしたらいいのだろうか？」（L100）という最後の問題提起に対し、どうやら〈こうすればよい〉という答えは筆者からはもらえないようです。でも問題文全体のテーマだった「なぜ豊かさを喜べないのか？」という問いに対する答えだけはわかりました。それは現代の経済や産業のありかたの中で、「豊かさ」を心の底から味わえる「主体」としてのありかたが、私たちから失われているからです。それは少し悲しい結論ですが。

テーマ　資本主義の三段階

資本主義の第一段階として、「**商業資本主義**」が存在しました。それは一方の地域で安いものを、他の地域で高く売ることで利益を得ようとする、重商主義や大航海時代の資本主義です。

その後登場したのが、安い労働力を使いながら、生産物を高く売ることで利益を得ようとするという**産業資本主義**です。でもこれは安い労働力が少なくなったことで成り立たなくなります。

残された道は企業の技術力や情報の違いによって利潤を追求する現代の**ポスト産業資本主義**です。

資本主義の本質が、違い＝〈差異〉を創り出すことで成り立っていることを理解しておきましょう。

ひとこと要約

現代人は楽しいことさえ教えてもらうしかない。

200字要約

満点30点

[a]人類は豊かさを目指してきたが、[b]それが達成されると不幸になってしまうという逆説がある。[c]豊かさは金銭的、時間的余裕を生むが、[d]人々はその余裕を使う「好きなこと」を自ら意識できない。[e]人間は世界を、自分なりに型に当てはめまとめ上げる[f]主体性をもつと考えられてきたが、[g]現代では巨大化した文化産業が、産業に都合のよい楽しみを人々に提供する。そして[h]人々は時間を搾取され、[i]それが資本主義を牽引する大きな力になっている。（199字）

＊c…「金銭的」＝2点、「時間的」＝2点。

＊d…「好きなこと（楽しいこと）がわからない」も可。

＊f…「主体性を失った」なども可。

＊g…「産業に都合のよい」がないものは2点減。

a・b…3点／c・d・g・h・i…4点／e・f…2点

設問LECTURE

(一) 空欄補充問題（接続語）

aは「何もしなくてもよい時間」と同じ意味の「暇」とを結ぶ。なのでイイカエの語**6「すなわち」が正解**。

bの前で述べられている「返ってきそう」な「答え」と同様の内容が、**b**を含む段落の最後で「そのように考えるのは当然だ」と繰り返されていることに注目しよう。すると**b**は、**b**の前でいったことを、もう一度確認するという文脈にある。すると**1「たしかに」**を入れて「たしかにそうだ」となればいいとわかります。

cは新しい問題提起をする箇所。なので話題を転換する役目をする**4「ならば」**を入れ、「ならば今度は」というふうにすればいいのです。

解答 **a 6　b 1　c 4**

(二) 空欄補充問題（知識問題）

アは「そんなことはありません」というナレーションに「！」がついているのに注目。主婦のつぶやきに、鋭くツッコミを入れる場面なのがわかります。するとその緊張感を保つためには、〈少しもゆとりのないこと。即座に、とっさに〉という意味の**2「間髪を容れず」が適**

切。スパッと相手にものを考えさせないようにつっこんで「趣味」の仕方を教えてくれればいいのです。

1は〈善・悪をわけず受け容れる、器量の大きいさま〉。3は〈激しい勢い〉を表す言葉。4は〈どうすることもできない状態に陥ること〉。5は〈お互いに心の底まで打ち明けて親しく交わること〉。

イを含む文とあとの文は接続語ナシにつながっています。

梅 POINT **接続語ナシにつながっている文同士はイイカエ・説明の関係になることが多いと心得よ。**

するとここでも**イ**を含む文は、「芸術が経済から」「独立していたということはない」というあとの文の内容と同じになればいい。つまり芸術もお金が要る。芸術家もお金が必要だ、という意味になればいいのです。そこで**4「霞《かすみ》を食って」**を**イ**に入れます。〈霞を食う〉は〈俗世間の営みにわずらわされず生きる〉ことですが、それはお金や生活のことを気にしない、ということです。これを**イ**に入れれば、「芸術家だって〈お金や生活を気にしないで生きている〉わけではない」という意味になり、あとの文と同内容になります。

1の「パン」は〈生活のためのもの〉をいいます。1を入れると〈生活のためだけに生きているわけではない〉となって、あとの文と逆方向。2は〈目を見開いて、怒ったり決意したりするさま〉で文脈と無関係。3は〈退屈しているさま〉。5は〈互いに仲良く力を合わせるさま〉、でどれも文脈と無関係。

解答 ムズ **ア 2**　大ムズ **イ 4**

(三) 傍線部の理由説明問題

「抵抗にあった」のですから、ガルブレイスの考えと「経済学者」との考えが対立したのが、「抵抗」された理由でしょう。ではガルブレイスの考えをたどりながら、経済学者との対立点を探せば、それが傍線部**A**の理由になります。すると、

○ガルブレイス…高度消費社会では供給（生産者）が需要（消費者）に先立ち、操作している

⇔

●経済学者…需要（消費者）が供給（生産）より先に立っている

本来はこうした対立をきちんと書くべきですが、そういう選択肢がない。ですが、**3が右の経済学者の考えを正確になぞっているので正解**。3のあとに〈ガルブレイスの……という考えと対立した〉という内容を補って解釈しましょう。1は右のような対立に触れていないので〈理由〉にならないし、「無かった」とは問題文から断定できません。2は「消費者の個別の注文を受け」が問題文にナシ。4は「生産者の都合を優先する考え」という説明がガルブレイスの考えかたとはズレるので、両者の対立をきちんと説明できてません。「生産者の都合を優先する」というと、ガルブレイスが生産者の側に立ったかのようです。ですがガルブレイスは供給側＝生産者が優位に立っていると考えただけです。5は「思い込みにすぎなかった」が問題文にナシ。

解答 3

(四) 傍線部の内容説明問題

カントの考えかたを一番よくまとめているのは、「それら（＝「世界」）を自分なりの型（＝「概念」）に当てはめて、主体的にまとめ上げる」（L86）というところです。この部分の内容と一致する**5が正解**。

1は「世界認識」＝「型」と説明しているのが×。「型」を通じて「世界認識」ができるので、イコールじゃない。2は後半部がカントの考えではない。3は「知覚から感覚を導き出す」という説明がおかしい。「知覚」と「感覚」は「型」によって結びつくのであって、「知覚」から「感覚」が出てくるのではないです。

4は「概念のうち、『から』にあたる型を……あてはめ」という部分がおかしい。これだと「概念」の中にいろいろな「型」があることになります。でも「型」（概念）」（L79）とあるように、「型」そのものが「概念」です。

解答 5

(五) 内容合致問題

1…豊かさは「金銭的な余裕」（L10）と「時間的な余裕」（L12）です。**1が一つ目の正解**。

2…「忘れている」が問題文にナシ。

3…「企業」は宣伝番組を「好意」でなどやっていません。ガルブレイスのことばでいえば、「買わせるようにしている」（L49）のです。

4…「辞書の定義」が「無効になっている」が問題文にナシ。

5…「二〇世紀には、広く文化という領域が大衆に向かって開かれ」（L66）と、「文化産業と呼ばれる領域の巨大化」（L61）とに合致。これが**二つ目の正解**。

6 チョイマヨ…たしかに「文化や芸術」は「経済と切り離せない」（L63）し、「芸術が経済から特別に独立していたということはない」（L64）。ですが「経済」に「支配」されていたとまではいえないので、「支配下にある」とはいえません。少し迷いますが、正解の二つがはっきりしているので、間違わないように。「二つ選べ」→ p.23 梅POINT を確認してください。

解答 **1・5**

(六) 傍線部の理由説明問題（記述）

「労働者（＝消費者）」のことを書くのか、社会の状況を書くのか、で戸惑う設問ですね。でもこういうときはできるだけ多くのことを書く。だから二つの面、両方を書きましょう。

まず「労働者」の側から。かつての「労働者」は、労働してもそれに見合う給料などをもらえませんでした。それが「（資本家などによって）労働力が搾取されている」（L107）ということの意味です。

ですが「豊かさ」をゲットした現代の「労働者（＝消費者）」は、「暇」という「時間的な余裕」を手にするのですが、**「その暇をどう使ってよいのか分からない」**（L104）という状態（**a**）にあります。こういう状態だから産業などの誘いに乗り、その「暇」を「搾取されて」しまう。だから**a**は傍線部の理由になる。

つぎに社会の状況のほうです。そうした「労働者」に、**〈b　文化産業が産業に都合のよい楽しみを提供する〉**。この**b**がなければ「搾取」は成り立たないので、これも解答に入れておくべきです。

また「暇の搾取は資本主義を牽引《けんいん》する」（L108）。イイカエれば、暇の搾取は**資本主義の役に立つから（文化産業が利益を上げようとするから）**（**c**）、「搾取」が行われると考えられるので、**c**の要素も解答に含めるべきです。**記述問題では字数を短くするために、イイカエる語彙力も必要**です。

ムズ

解答例 **時間的余裕を活用できない人々に文化産業が楽しみを提供し、利益を得ようとするから。**（40字）

時間的余裕を活用できない人々[a]に文化産業が楽しみを提供し[b]、利益を得よう[c]とするから。

＊a…「暇をどう使ってよいのか分からない」も可。

＊c…「資本主義を牽引する」「資本主義の力になる」なども可。

a・b・c…3点

3 評論

『ソロモンの歌』

早稲田大学　政治経済学部

別冊（問題）p.18

解答

問	解答	配点
問一	1 触発　2 連綿	2点×2
問二	ニ	4点
問三	B イ　C ホ　D ハ　E ニ	2点×4
問四	ホ	6点
問五	ニ	6点
問六	ロ・ニ・ホ	完答12点
問七	日本の歴史を省みて、多くの可能性の中から日本の将来にわたる選択を行った人物。	10点

＊問六は4つ以上解答したものは、一つにつき4点減点。

ムズ　問一2、問三B・C・D、問五、問六 二

問題文LECTURE

合格点 35点

/50点

語句ごっくん

L31 審美感…美しさを見分ける美的感覚

L33 重層的…何重にも重なり、層をなしているさま

L39 草の根…社会の基礎をなす民衆。ここでは〈根源〉という意味

L46 所以《ゆえん》…根拠。証《あかし》

吉田秀和さんは日本を代表する音楽評論家です。問題文は一つのことをずっと語っているので、意味のブロックを作るような、はっきりとした切れ目はありません。ただ文化の伝統と芸術や私たちの生活との関係について説明したあと、私たちがどのように文化の中で生きていくべきか、という筆者の考えが後ろから4段落目以降語られるので、そこを切れ目として文章を二つに分けて見ていきましょう。

読解のポイント

・芸術家は幼いとき根本的な体験をしていて、成長するにつれて、その体験につながる表現へと進んでいく

・自分の内部の文化の伝統を変革しようとすることは容易ではない

・そのためには自分の内の文化の伝統を根本的に検討し、再組織しなければならない

↓

・そのためには、やりとげようとする意志と力が必要であり、過去を省みて、可能性を探り、将来を選択していくのである

I 文化の伝統と芸術・生活（冒頭～L41）

芸術家は、幼いとき、「根本的な体験」（L3）をしていると筆者はいいます。この「根本的な体験」というのは、自分が育った文化の根っこにあるなにかを心に刻むという体験です。そしてもう少し成長したあとで、やはり同じようにその文化の根源に根差した偉大な作品を残した芸術家の作品に触れ、「芸術家の魂を目覚まされ」るのです。芸術家に「円熟」というものがあるならば、それは自分の中にある「根本的な体験につながる表現にだんだん迫ってゆく」（L5）ということなのです。

彼を「目覚めさせた作品（＝「手本」）」がなにであるかは、その芸術家の一生を支配します。もしかして日本の芸術家がピカソやゴッホによって目覚めされられたとしましょう。でも私たちの多くは西欧人とは違う文化の中で育ちました。その人の「もっと幼い時の根本的な体験」は、西洋の芸術と大きく隔たったものでしょう。そのギャップをあとから埋めるのは大変なことなのではないか、と、筆者は最近気がついてきたといっています。西欧の芸術が「わかるとか楽しめる、同感できる」とかいうことと、「創造の根源につながる」かということとはやはり「ちがう」（L13）のです。

そして偉大な芸術家は、あとの時代の芸術家の「手本」となって、のちの数世紀にわたるそれぞれの国の芸術を決定づけてしまうのです。それは彼らがやはりその国の文化に関わる「根本的な体験」をし、それを表現し

たからこそ、伝統のようにして、つぎの世代の「手本」となっていくのです。

それは「芸術家の創作ばかりでなく、街の人、市民の感受性」(L19)まで決めてしまいます。たとえば、ブリューゲルの描いた花→オランダなどの人々の花の生けかた、になります。

もちろん日本にも生け花はある。でもそのスタイルは、「ヨーロッパのものとは断然ちがう審美感と原理(＝空欄**C**)によっている」(L31)。

・ブリューゲルにつながる生けかた＝「重層的」
⇔
・日本の生けかた＝「埋め残した空間の拡がりを楽しむためにあるように」見える

詩と結びつけて日本の花の生けかたを考えるなら、この詩(＝「花の生け方」)は、「語られず、語られえないもの(＝余韻とか余剰とかいわれるもの)の存在を暗示するために、僅かな言葉(＝「花」)を使って組みたてられた詩」(L35)です。日本人が花を生けると自然にこういう生けかたになってしまう。そしてあるとき、日本の自然の根本(＝《草の根》)を熟視しているうちに、「その本質を見抜いた人の手で芸術」になるのです。もちろんこの花の話は、ブリューゲルの話と同様、文化伝統や芸術の例です(ここでは例と〈まとめ〉の関係を読みとってください)。ですから、最初に説明した「芸術」のことと同じです。そして筆者はこのことを「いいたいのである」(L41)と書いていますから、この強いいいかたをしている*L* **41**はチェックポイントです。

Ⅱ 文化の変革(L42〜ラスト)

「生け花」などの例を「こういう」という指示語で受けて〈まとめ〉をしているのが「一つの文化の生命というのは、こういう形で持続する」(L42)という一文です(〈まとめ〉だから要チェック!)。

文化は持続する。ただそういう「文化の生命」という伝統みたいなもの＝「そのうちのあるもの」(L43)を、古い束縛のように感じた人は、その文化から抜け出したいと望むでしょう。でもその「自己革命」を、日本とは違う西洋のモデルに従ってやるのはむずかしい。それはやはり決定的に私たちの「根本」と違うからです。もし本気でするなら「自分を根本的に検討し、再組織（＝組み立て直す）する必要がある」（L47）でしょう。日本の明治維新も、まったく違う欧米の文化と出会い、日本自身を組み立て直すできごとでした。そしてそれは今もなお継続中なのです。それを個人でしようとするのですから、並大抵のことではないのは目に見えています。でも私たちが「すでに何か（＝ある根本的な体験をしており、それと違うものとも響きあうものを身につけつつあること）であり、何かをやりとげようとする意志と力」があれば、「再組織」は不可能ではない。

江戸の国学者本居宣長《もとおりのりなが》は、数多くの日本の可能性の中から「将来に向かっての選択をした」（L62）。日本の歴史も「一つであって、かつ、一つではない」。つまり多様であり矛盾を抱えこんでいるはずです。日本的といわれるものがなんなのか、なにが「現在の日本の根幹をつくってきているかを見分ける」ことこそが、学者だけではなく、私たちが生活することの「意味」でもある、と筆者は述べています。

テーマ〈クレオール〉

クレオールとは言語、文化など、さまざまな人間や社会的な要素の混交現象のことです。植民地にヨーロッパの言語などが入りこみ現地のことばと融合すると、クレオールと呼ばれることばの融合が起こります。ことばは文化の基本ですから、それは文化的な融合でもあります。そうした言語や文化は植民地主義の産物としてマイナスにも扱われますが、クレオール文化復権運動という動きもあります。これは、さまざまな言語に接触し、そこから新しい言語を創造するという体験を重ねてきたカリブ海地域などで見られますが、クレオール語を認知することで多様性を肯定し、それをプラスの遺産へ転化しようとするものです。筆者は、その人に根づいた文化の根はなかなか絶ちきれないといってますが、でもそこには多様なものもあるといっています。多様性を認めるということはグローバルな時代にとって大切なことでもあります。

ひとこと要約

文化の伝統は、芸術のみならず生活にも息づいている。

200字要約

満点30点

芸術家とは幼いときの根本的な体験をもとにして円熟していく存在である。そういう芸術家がその国の後の芸術を決定づけるのだが、どの文化もそうした宿命から逃れられない。そしてそのような文化は市民の感受性をも規制する。それゆえ文化の生命を変革するのは困難なことである。だがそうした自己改革によって社会は変革されていくのであり、そのために現在を作り上げている根幹を見分けることは私たちにも重要な意味をもっている。（200字）

＊a…「円熟」に当たる語句がないものは2点減。
＊e…dとの因果関係が不明確なものは2点減。
a・g…5点／b・c・d・e・f…4点

設問LECTURE

問一　漢字問題

1「触発」は〈何らかの刺激を与えて、ある行動をさそい起こすこと〉。2「連綿」は〈長く続いているさま〉。

解答　1 触発　ムズ 2 連綿

問二　空欄補充問題（文補充）

まず空欄A直後の「だが」という逆接の接続語に注目してください。

梅POINT　空欄補充問題では空欄前後の指示語・接続語に注目し、どういう文脈を作るべきかを考えるべし。

直後の文は、西洋の芸術が「わかるとか楽しめる、同感できる」ということと、「創造の根源につながる」こととは「ちがう」、という内容です。こうした内容と「だが」でつながる〈逆〉の内容を想定すると、Aには西洋の芸術が「わか」り、「楽しめ」、「同感でき」て、「創造の根源」にまでもつながっていける、というような内容の文が入ります。

そうした観点で選択肢を見ていくと、**イ**「それがわからなくても」、**ロ**「わかるともわからないとも、なんともいえない」、**ホ**「本来わからないものであって」は、今想定した内容と矛盾するので×です。解答は**ハ**か**ニ**に絞られます。ここから少し詳しく選択肢を見て比較していきます。すると、**ハ**の「審美感というものは普遍的（＝いつでもどこでも通用すること）であり」というのは、「そのスタイル（＝日本の生け花のスタイル）は、ヨーロッパのものとは断然ちがう審美感と［C］によっている」（L31）と書かれていることと矛盾します。

ニは、〈西洋の芸術はものすごくよくわかり、私たちを感動させる〉「だが」〈そのことと創造の根源につながることとはちがうことだ〉、という文脈を作ることで、「だが」という逆接の接続語を働かせることができます。なので**ニが正解です**。

梅 POINT 選択肢は初め大まかな観点から絞り、残ったものは細部まで吟味する、という二段構えで取り組むべし。

解答 **ニ**

問三 **空欄補充問題（語句補充）**

Bは2か所あることに注意。一つ目の**B**では「ブリューゲルの花の絵」が「それにつづく十七、十八世紀の画家たちの」絵の、なに（＝**B**）になったといえるのか、を考えればよいのです。直前にブリューゲルの花の絵が、北欧などの国々の「花瓶に生けてある花の束」の〈もとになっている〉という話が出てきます。その話と一つ目の**B**を含む文は並列的につながっていますから、二つ目の**B**にも〈もとになっている〉というような意味の語を入れればいいのです。すると**イ「原型」が妥当だとわかります**。**B**にハ「本質」を入れることを考えた人がいるかもしれません。でも一つ目の空欄で考えると、「絵」は「本質となった」という主述の対応は日本語として不自然です。「本質」とは抽象的なものであり、「絵」は具体的なものだからです。選択肢の語の意味を確認しましょう。

- 原型…もととなる型（具体的なものであることが多い）
- 本質…根本の性質（抽象的）⇔現象（具体的）
- 典型…同類のもののうち、その特徴を最もよく表しているもの

ニ チョイマヨ「典型」も一見入りそうですが、ブリューゲルとその後の画家たちとの間には美術史の中での位置づけや時間の差があり、〈同類〉にはできません。それにあとまで見ていくと、「典型」はほかの空欄で使うほうがより適切です。

Cは「によっている」という直後の表現に注目してください。この「よっている」は漢字で書くと「拠（依）っている」つまり〈依拠している、頼っている〉という意味の言葉です。逆にいうと、Cは日本の生け花の「スタイル」が〈依拠〉したり〈頼ったり〉するほどどっしりとした土台のようなものなのです。すると〈ものの拠って立つ根本法則。ほかのものがそれに依存する本源的なもの〉という意味のホ「原理」がふさわしいことになります。

Cにもハ チョイマヨ「本質」を入れたくなった人がいるでしょう。しかし「本質」は〈依拠〉したり〈頼ったり〉するものではありません。それにD直後を見ると「を見抜いた」とあります。「見抜」く対象としてハ「本質」はDに入れるほうがふさわしい。〈本質を見抜く〉といういいかたはよくしますね。CとDを逆にしないようにしなければなりません。

Eは「純粋化」されて、最終的に「達し」た時点で成立するものです。ニ「典型」は、先にも書いた意味が一般的ですが、芸術理論では、〈一般的・本質的なものを最も鋭く具体的に表す形〉という意味でも使います。先の意味はもちろんですが、Dに「本質」を入れたことを考えると、この意味での「典型」がEにぴったり当てはまるのがわかりますね。ロ チョイマヨ「造型（＝造形）」は〈作られたもの・形〉で〈造形芸術〉などというように、「芸術」の一分野、あるいは「芸術」そのもののことをいいます。「芸術として純粋化させられて」、その一段階あとの状態を表す語を入れるほうが、「達し」という表現とのつながりがよいですから、「芸術」と同義となる「造型」より、「典型」のほうが適切です。「ただし同じものを二度用いてはならない」というようなただし書きがついている場合は、こういうふうに、ほかの箇所との関係を見きわめて、よりよいものを選択していきましょう。

梅 POINT 空欄補充問題で選択肢を選ぶ際は、順番に関係なく、根拠の明確なものから決めていくべし。

解答 ムズ B イ　ムズ C ホ　ムズ D ハ　E ニ

問四 問題文の構成に関する問題

第2段落の「生け花」の具体例は、L38〜L41にそのまとめが書かれています。それらをさらにまとめれば**〈文化は芸術だけでなく、生活にも浸透し、持続的な生命をもつ〉**ということになります。**こうした内容を含んでいるのはホしかありません。**またホの前半の内容はL31と合致する。その他の選択肢は、どれもまとめの部分の内容とズレてますし、**イ**「日本文化の独自性を際立たせる」、**ロ**「自然と文化の接点を知る」、**ハ**「対比が思いがけなくあぶりだされ」、**ニ**「ヨーロッパと日本の距離が近く感じられる」などは、問題文に書かれていません。

解答 ホ

問五 傍線部の理由説明問題

理由説明問題は、論理性を問われるむずかしい問題です。それにこの早稲田の問題では、丁寧な説明をした正解を示してくれていません。それが早稲田の選択肢がむずかしいといわれる理由なのですが、ホントは意地悪ってことですね。

でもまずしっかり考えかたを組み立てて、そのつぎに選択肢を見て、ベターなものを選んでいきましょう。

それでは具体的にこの設問を考えていきます。まず傍線部Fの「それ」の指しているものから考えましょう。**傍線部中に指示語があったらすぐにその内容を考える、**ということが反射的にできるようになってください。で、これは、直前の「それ（＝西洋のもので好きなもの）を私たちが自分のものにする」（L47）ことを指しています。〈aはむずかしいよ。aするためには根本的に検討する必要があるからね〉という文脈になっていると考えられます。

ではどうして、「西洋のもので好きなもの」を「自分のものにする」ことはむずかしいのか？　この「西洋」というところがキモなのです。「西洋」と日本人との関係について書かれた内容はつぎのようになります。

①自分が好きな西洋の芸術は私たちとは異質な文化から生まれ、その文化と複雑に絡まり合ったものだ
⇔
②一方私たち日本人には西洋とは異質な文化が根づいている

こうしたギャップがあるからむずかしい。そして本気でやるなら「自分を根本的に検討し、再組織する必要がある」（＝傍線部**F**）ということになるのです。

傍線部の理由としては①・②の両方を述べなければ正確なものにはなりません。でもそうした選択肢はありません。ただし大事なことは西洋の文化と私たちの文化に大きなギャップがある、ということです。直接は①についてだけしかいっていませんが、**ニの選択肢がそうした双方の文化的異質性を示唆しているといえるので、これが一番マシな選択肢だということになります。**

こうした論理とポイントを押さえられないと、傍線部**F**のつぎの段落で「意志」が必要だと述べているから、というだけの理由で**ホ** チョイマヨ を選んでしまったりします。繰り返しますが、西洋と日本の文化が異質だから、という内容がなければ、傍線部の理由として傍線部にはつながらないのです。イにもハにもホにもそれがありません。①にも②にも触れていないということです。**ロ** チョイマヨ の「自分にないものを自覚して」という部分がかろうじて文化の異質性という問題に触れているといえますが、「自分が成長し発展してゆくためには、好きなことだけをやっていてはだめで」という部分が問題文とも一致しないし、傍線部の理由として不必要です。

正解が見えにくいので、間違いや問題文に書いてないものを消していく消去法で解いてもいいですが、最初から消去法でいくのではなく、まず考えてくださいね。

梅 POINT 傍線部説明問題では、単に問題文に書かれていることだから、というだけで解答を選んではいけない、と心得よ。

ムズ

解答 ニ

問六 内容合致問題

では一つずつ見ていきましょう。

イ…異質な文化から生まれた芸術に感動することを出発点として、困難ではあるけれど自己改革を行うところに「成果」（L53）が生まれるので、それは「生産的（＝なにものかを生み出すこと）」である可能性をもちます。だから**イ**は問題文に反する選択肢で×。

ロ…文化的な「感受性や審美感」は「芸術家の創作」にも「街の人、市民」にも及んでいます（L19）。「生け花」はそうした「感受性」が「生活」のレベルから「芸術的天才の創造」にまでつながっている例です。よって**ロは○**。

ハ…**ロ**と逆で、「芸術」と「私たちの日常の生活」とを「切り離された」ものと述べています。**ロ**が○ですから、当然**ハ**は×です。

ニ チョイマヨ…「過去」を「歴史」と読み換えれば、**ニ**の前半は問題文ラストの一文と一致します。また「安易に自己革命のモデルを他の文化に求めるのは避けるべきである」という部分ですが、「自己革命を西洋のモデルに従ってやるのは……容易なことではない」（L45）、また「それ（＝西洋のもの）を私たちが自分のものにするのはむずかしいと考えないわけにはゆかない」（L47）とあります。つまり筆者は「自己革命」はむずかしいことだと考えており、その「自己革命」を本気でやるためにも「どういうものが……日本の根幹をつくってきているかを見分ける」（L63）ことが大切だと述べているのです。**ニ**も「他のモデル」によって「自己革命」を行うことを否定しているのではありません。ただし単に好きだから、などという理由だけでできることではないから、「安易」なことは「避けるべき」だといっているのです。だから、〈「まず」ラストに書かれたようなことをすべきであり、「安易に」～するな〉という内容は、問題文に合致するので**ニは○**。

ホ…前半は*L*2以降の部分に書かれていることと同じで、「幼い時」の「根本的な体験」が「創造の根源」になるというふうに考えられます。またその「創造の根源」は「わかるとか楽しめる、同感できる」という「次元」とは「ちがう」（L13）ものです。また「私たちのあるものは、そのうちのあるもの（＝日本文化の創造の根源）に不満」（L43）だということもありうるので、「創造の根源」が「場合によっては」、わからない、楽しめない、同感もできない、ということもありえます。なので**ホも○。設問文に「すべて選べ」と書かれているときは解答は複数あると考えるべき**です。

解答 ロ・ムズ ニ・ホ

問七 内容説明問題（記述）

この記述問題はむずかしいものではないでしょう。ラストの段落冒頭に「そういう態度（＝西洋人の態度）を見ていると」「思い出さ」れるのが「本居宣長」なのだとあるし、最後から二つ目の段落に書かれた西洋人の態度と、ラストの段落に書かれた本居宣長のしたことは、ほとんど同じことです。ラストの段落のほうが本居宣長について直接書かれているので、そっちの表現を使って解答を書こうとした人が多いと思いますが、ラストの段落の表現はあまりコンパクトな表現ではなく、まとめづらい。

よくわかりやすい解答を書け、といいますが、**わかりやすい解答というのは、問題文を読んでない人（でもそこそこ賢い人）にもわかる解答**を書け、ということです。だから、より簡潔な表現で同じことを述べている最後から二つ目の段落の表現を使うほうが適切だといえます。ポイントはつぎの三つです。

[a]日本の歴史を省みて、[b]多くの可能性の中から[c]日本の将来にわたる選択を行った人物。

＊b…「可能性」がなく、単に「数多くの日本の中から」は1点
＊c…単に「あるものをとりだし、矛盾するものを斥けた」は1点
a・b…3点／c…4点

a「歴史を省みて」は直接本居宣長については書かれていないことですが、西洋人のありかたと本居宣長のありかたが似ているということを考えれば、入れるべきポイントです。

b・cはラストの段落にも書かれているので入れられたでしょう。

梅POINT 記述問題では、同じ内容ならばより簡潔にまとめられている表現を用いて書くべし。

解答例 日本の歴史を省みて、多くの可能性の中から日本の将来にわたる選択を行った人物。（38字）

4 評論

『ポストモダンの正義論』

青山学院大学

別冊(問題) p.28

解答

問	解答	配点
問一	イ	2点
問二	にな	2点
問三	オ	6点
問四	オ	6点
問五	各人をその〜したりする	6点
問六	ア	6点
問七	ウ	8点
問八	エ	6点
問九	ウ	8点

ムズ 問一、問六、問八

合格点 36点

/50点

問題文LECTURE

語句ごくごっくん

L1 **ポストモダン**…近代的な価値観から抜け出ようとすること。脱近代

L1 **主体**…p.26 語句「主体的」参照

L1 **偏執**…かたよった見方にこだわって他人のいうことを受けつけないこと

L7 **概念**…p.16 語句「概念」参照

L8 **虚構**…つくりごとの世界。フィクション

L9 **客観的**…物の見方や考えかたが個人的でなく、多くの人にとってそうだと考えられるさま

L9 **普遍的**…どこでも誰にでも通用すること

L12 **アイデンティティ**…いつも同じ、確かな自分。自己同一性

L13 **合理性**…①道理や理屈、法則に合っていること。②行為が無駄なく能率的に行われること

L17 **絶対的**…ほかの何者とも比べられず、ほかと取り替えがきかないこと。ダントツ

L28 **共同体**…血や土地のつながりによって作られる集団

L32 **正統**…正しい血筋⇔異端

L33 **啓蒙**《けいもう》…**p.26　語句「啓蒙」参照**

L47 **メタレベル**…あるものを超えたレベル

L49 **弁証法**…**p.26　語句「弁証法」参照**

L53 **思弁**…純粋な思考

L53 **信憑性**《しんぴょうせい》…証言などの信用できる度合い

L59 **享受**…受け入れ味わい、自分のものにすること

読解のポイント

・ポストモダン化する社会では多くの近代的価値観が疑問視される
↓
・近代の科学的知の権威も失われていく
↓
・テクノロジーに支えられ、現代人は自分の小世界を生きていく

問題文は、ポストモダンの社会で近代的な価値観が疑いの目で見られるようになることを述べているのですが、それを「歴史」について重点を置いて述べた第1ブロックと、「科学的知」について述べた第2ブロック、そしてテクノロジーの発展と現代人の生きかたとの関わりについて述べた第3ブロックというふうに、話題によって三つに分けることができます。この分けかたに従って、問題文を見ていきましょう。

I　ポストモダンの社会（冒頭〜L18）

テーマ　近代—合理主義と個人主義

まず最初に〈近代〉という時代について確認しておきます。思想の歴史では近代の始まりをルネサンス（人間復興）に置くことが多いです。それはルネサンスが、中世の神に代わって人間が世界を支配する＝**人間（中心）主義**の時代の幕開けだからです。つまり〈近代〉とは人間が世界の中心だと考えた時代です。そこでは科学などを生み出す人間（＝主体）の理性が尊重されました。**合理主義＝すべてを理性で説明しようとする考えかた**の登場です。

また市民革命などを経て、個人の自由が求められたこともあり、近代は**個人主義＝集団よりも個人の意志やありかたを尊重しようとする考えかた**、が大きな力をもちます。**合理主**

義と個人主義、この二つが近代思想のビッグ2だということをまず理解しておいてください。

近代という時代は、「進歩」を合い言葉に、人間社会が一つの方向を単一に目指して進んだ時代でした。近代は〈テーマ〉に書いたように、合理主義と個人主義の時代ですから、そこでは理性や法則、主体性などが重んじられました。「歴史」も「客観的に観察し得る普遍的な発展法則に従って進行していく」（L9）ものだと考えられました。

ですが近代的な価値観が揺らぎはじめ、近代的な価値観から人々が「自由」になり、「価値の多様化」がその特色となる「ポストモダン」の社会では、近代的な価値観が「虚構」や「共同幻想（＝みんなが一緒に見ていた幻想）」（L16）ではなかったのか、という疑いが生じます。

「歴史」もまた、「客観的」なものではなく、語源通り「物語」に近いものなのではないか、と考えられるようになります。

Ⅱ 科学的知への疑問（L19〜L49）

人類や近代という時代を覆う「大きな物語」だった「歴史」が、再び実は小さな「物語」だと見破られてきたとき、「歴史」になにか人類共通の「目的」（L21）がある、などという考えかたが終わりを告げます。そして逆に小さな「物語」を形作ってきた「物語的知」が見直され、それと対比的に存在すると考えられる近代の「科学的知」が疑問視されてきます。この二つの「知」はつぎのようにまとめることができます。

○物語的知
…共同体の中で太古から伝えられる
…共同体の統合や判断基準に関わる
⇔
●科学的知
…科学者集団によって担われる
…科学の正統性を証明し、人々を啓蒙する

近代は科学の時代ですから、もちろん「科学的知」を評価しました。

ですが、実は「科学」が正しいこと（＝「正統性」）

は、科学の内部でしか通用しない。いくらある組織の内部の人が「自分たちのしていることは正しい」といっても、外部の人から見れば自分たちの都合のいいように考えているとしか思えませんね。科学の正しさも「実験」で証明できるといっても、その「実験」すること自体が正しいかどうかは、専門家（＝内部の人）にしかわかりません。ふつうの「言語」で外部の人にも納得してもらうには、ふつうの人がもっている考えかたの仕組み（＝「物語の構造」）を「利用」（L44）するしかない。それは「科学的知」から見れば「非知」とも見える「物語的知」を通してわかってもらうということです。

そしてそういうことがだんだん見えてくると、実は「科学」も根拠のない「崇拝」という「物語」の対象だったことが「露呈」されてきます。それは「科学」が科学的な「物語」の上に成り立っていたということですから、それが本当に正しいのかどうか、が一段高い「メタレベル」（L47）から問われる時代がやってきたということです。

Ⅲ テクノロジーと現代人（L51〜ラスト）

科学が疑われるとはいっても、現代の社会が「テクノロジー」によって支えられていることは明らかです。科学技術が近代の「進歩」・「歴史」を作ってきたのですから。でも現代の人々はテクノロジーを利用しながらも、そうした「進歩」を「目的」とする「物語」にはもう向かいません。人々はテクノロジーを「自分なりの生活スタイルを追求する」手助けとして使います（L64）。ネットなどの情報テクノロジーはとくに人々の「情報収集」に役立ち、人々はそれぞれのやりかたで、自分の小さな「物語」を見いだしていきます。その「それぞれ」のありかたは、価値観が分散するポストモダンの社会のようすそのものに対応しているのです。

ひとこと要約

近代のあとの時代では、個々の価値観に基づいた小さな物語の世界が乱立する。

200字要約

満点30点

[a]価値が多様化するポストモダンの社会では、[b]多くの近代的な価値観や理念が疑問視される。[c]客観的な発展法則に従って進行すると考えられた「歴史」も大規模な物語にすぎないと見なされるようになる。[d]また近代の科学的知も民衆の知である物語的知に依存することが明らかになり[e]科学的知は相対化される。[f]さらに人々はテクノロジーを、生活を豊かにする手段として利用し、[g]自分の価値観に見合う個々の物語を見いだしていくようになるのだ。（200字）

＊a…単に「社会がポストモダン化する」は不可。

＊b…「価値観」か「理念」のどちらかがあればよい。

＊c…「客観的な発展法則に従って進行する」など「歴史」の説明がないものは不可。

＊g…「自分に見合う」という内容がないものは2点減。

a・c・d・e・f…4点／b・g…5点

設問LECTURE

問一 **漢字問題**

「疑問に付され」で〈疑いの領域に託された（疑問として扱う）〉という意味。 ムズ 解答 イ

問二 **漢字問題（読み）**

訓読みは間違えやすいのでしっかり一つひとつ覚えていこう。

解答 にな（われる）

問三 **傍線部の内容説明問題**

「主体」は〈自分の意志によって言動を決定する存在〉という意味ですから、「主体化」とは〈自分の意志によって言動を決定すること、あるいはそのような人間になること〉です。

その「主体化」に「近代的に」という語がついているので、傍線部**1**は**〈近代の時代の流れに沿って自分の言動を決定する人たち〉**という意味になります。**これに最も近い内容はオ**。先にも書いたように、「主体化」には個々の意志で、というイメージがあるので、「共通」「共有」という語に少し戸惑った人もいるかもしれません

が、傍線部の人もそうした近代的な価値観を個人として選んでいるのです。最初から「共有」しようと思ったのではなく、自分で選んだら同じものをもっている人がいた、というふうに考えれば、「主体化」のニュアンスとズレることはないです。それほど近代の価値観は多くの人に影響を与えたということです。

アの「ポスト工業社会」は「ポストモダン化」と*L*6で並列されているので、「近代」ではありません。**イ**は「近代」でなくても、いつの時代にも当てはまるので、傍線部の説明としてダメ。**ウ**の「さまざまな価値観」もポストモダンの特徴。**エ**の「共同体」は「物語的知」を説明している部分（*L*28以降）に出てくるので、前近代のほうに近いです。

解答　オ

問四　傍線部の理由説明問題

傍線部**2**の直前に「ポストモダン化した社会において」とあるので、傍線部は「ポストモダン」の社会がもたらした状態だということがわかります。「ポストモダン」の社会は、**「アイデンティティ、価値観、世界観が分散化する」**（**a**　*L*12）社会です。すると

> ポストモダン化 ≒ **a** ← 傍線部**2**

ということになるので、**正解はオ**。それに傍線部の「（小）物語」化とは、いくつかの、たとえば地域や民族の小さな「物語」に「歴史」がもどるということですから、「価値観」の「分散化」という**オの内容は傍線部とフィットします**。

アはもともと「（小）物語」だった「歴史」が再び「（小）物語」になった、ということです。つまり傍線部と同じことですから、傍線部の〈理由〉にはなりません。**イ**は傍線部と同じように、ポストモダンの社会で起こった現象で、傍線部と並列されるものであり、これも傍線部の〈理由〉ではありません。**ウ**は「近代」で、「ポストモダン」ではありません。**エ**は**イ**と同様、傍線部と並列されるポストモダン社会の現象だともいえるし、または傍線部の単なるイイカエだともいえます。ど

ちらにしても傍線部の〈理由〉にはなりません。　**解答　オ**

問五　抜き出し問題

「物語的知」についてきちんと説明しているのは傍線部3のあとの段落くらいです。そこに「物語的知」の「機能」＝〈働き〉を説明している部分を探しましょう。すると「**各人をその共同体に統合したり……判断基準を提供したりする**」（L29）という部分が「機能」を説明しています。「機能」を問われているので、「お話」は取ったほうがいいです。解答箇所が傍線部と近すぎて、不安な設問です。**解答　各人をその〜したりする**（38字）

問六　空欄補充問題

「科学的知」が「蓄積されていく」ので、空欄Aには**〈近代〉に関係すること**（a）が入るのが適当です。

また「プロセス」という空欄直前の語には**〈時間の流れ・経過　b〉**のニュアンスがあります。

これらを条件として考えると**ア「進歩」が正解**。

イ「啓蒙」も近代の側ですが、空欄の直前に出てくるので、ダブります。ウも「近代」の理念のことを指しますが、bのニュアンスがないし、「プロセスが共同幻想だ」という日本語は不自然です。エとオは「近代」ではないので、aと×。

ヒントがなさそうに見える設問も、問題文の〈対比〉などから推測して解きましょう。

ムズ　**解答　ア**

問七　傍線部の理由説明問題

なぜ「科学的知」が「物語」という「非知（＝科学的知から見れば知ではないもの）」に頼らなければいけないのか、が問われています。傍線部4のあとの話がむずかしいですが、よく見ると「人々を納得させる」には、「物語の構造を利用することが不可避（＝避けられない）」（L44）という傍線部に近い内容があります。そして「（慣習的・無自覚的に）共有している物語の構造」（L43）が、傍線部の「物語」＝「非知」です。なのでこの部分と対応している**ウが正解**。**ウは傍線部の理由というより、傍線部をイイカエてなぞっているように見えますが、そういう選択肢も、ほかの選択肢が傍線部と無関係であったり、問題文に書かれていなかったり、矛盾し**

たりするときは、傍線部と対応するという点で一番マシだということになります。とくに理由説明問題ではそういうことがよくあります。このことを踏まえ、柔軟に対応してください。

アは、「科学的知」が「『物語的知』を解体して構築されてきた」が問題文にナシ。**イ**は「『物語的知』には……説得力がある」という部分が問題文にナシ。**エ**は「至っていないから」というと、「科学的知」にすべてを置き換えないといけないと筆者が考えているようでおかしい。だから傍線部の理由にもなりません。**オ**は「両者が協同することが必要」という部分が問題文に書かれていません。

解答 ウ

問八 **空欄補充問題**

空欄**B**のあとに出てくる「弁証法」は、歴史の発展法則として説明されることがあります。たとえば資本主義が発達すると、社会主義が現れ、資本主義に対立するが、そのうち資本主義は社会主義の公平性というよい部分を取り入れて発展していく。だから時代が進めば社会はよくなるという考えかたが含まれる。

でもそれが「逆転」したのですから、予想とは違い、なにかが「逆」になって都合の悪いことが起きたのです。またその「逆転」は「『科学的知』が十分に浸透した」結果生じたので、「科学的知」に関わりがある。

さらに**B**を含む文は**前の文と接続語ナシにつながっているので前の文とイイカエ・説明の関係にある**と考えられます。そのことも踏まえ「逆転」に合致する内容を考えてみましょう。***L*45**に「啓蒙が進行し」とあります。これが「科学的知」の「浸透」と一致するのでこれを使って**B**を含む文とその前の文を対応させてみると、つぎのようになります。

a みんなに知識が行きわたった＝「啓蒙の進行」
⇔
b 科学的知の正統性が問われる
＝
A 科学的知が十分に浸透した
⇔
[**B**]

bがBと一致すれば、二つの文がイコールになります。そしてみんなに知が行きわたったら、みんながその知を認めるはずなのに、〈逆〉にみんなが「その知はホントにいいの?」と疑いはじめた。これは物事がスムーズに進んでいないですから「弁証法的逆転」といっていい。すると**Bにエを入れて、「科学的知の権威を素直に受け止める人がかえって少なくなる」という内容にすればbと一致する**。「逆転」はやはりBの前の文に示されていたのです。

アとオは逆。イの「わずかに」では「逆転」にならないし、**ウ** チョイマヨ は「ポストモダン状況」では「さまざまな価値観」が存在するのですから、みんながみんな「科学的知」を「まったく」信じないという形で一つにまとまるのは、「ポストモダン状況」と一致しないのでダメ。

ムズ

解答 **エ**

問九 傍線部の内容説明問題

傍線部**5**は引用の一部です。

> **梅 POINT** 引用は具体例と同じように扱い、その両サイドの〈まとめ〉＝説明部分に注目すべし。

傍線部は「物語」と「テクノロジー」の関係について述べています。

「テクノロジー」の話が出てくるのは最後の段落だけなので、そこが引用文の説明＝〈まとめ〉です。そこには**〈a 現代人はテクノロジーを生活を豊かにする手段として利用し、それぞれの価値観や生きかたに合った「物語」を作る〉**とあります。

またこの「物語」は「進歩」を「目的」として追求するというかつての大きな物語「ではなく」(L63)とあるので、**〈b 自分だけの(小)物語〉**です。

すると**正解はウ**。冒頭から「価値観は分散化し」までが**a**と、最後の部分が**b**と対応しています。

アは「テクノロジー」に触れていないので、傍線部とズレ。また『物語的知』に対する信頼性が失われていった」がおかしい。「信憑性」を「喪失」（L54）したのは「大きな物語」で「物語的知」ではありません。

イ チョイマヨ は単に「物語」といっているのが不正確。「（小）物語」は数々生まれているのだから、きちんと「大きな物語」といわないと**b**と×。**エ** チョイマヨ も「かつての『物語』」は「大きな物語」とも考えられるので、これも不正確で**b**と×。「（小）物語」と説明している**ウ**のほうが正確です。**オ**の「物語」は、「ポスト工業化の壁に突き当たっていた」「物語」だから「大きな物語」です。でも「大きな物語」は「解体を遅らせ」たりしていない。「解体し始めた」（L5）と×です。

解答 **ウ**

5

評論

『日本文化と個人主義』

早稲田大学　商学部

別冊（問題）　p.38

解答

問	解答	配点
問一	C ⑤　D ④　F ③　H ①	2点×4
問二	3　4（順不同）	4点×2
問三	A 7　E 4　I 3	3点×3
問四	3　4（順不同）	5点×2
問五	（新しい）知的な中間階層	5点
問六	負	3点
問七	学芸の解放の象徴	完答7点

ムズ　問一D・F、問四3、問六、問七

大ムズ　問一H

合格点 32点

50点

問題文LECTURE

語句ごくごっくん

L2 漸層的…この場合は、境界が曖昧なこと

L3 主観的…自分だけの考えかたや見方にかたよっているさま。＊主観…自己が対象を認識するときの個人的な意識

L4 近代化…民族を国民としてまとめる国民国家と科学技術をもとにした工業化をメインとする変化。≒西欧化

L6 草の根… p.36 語句「草の根」参照

L15 反体制…今の支配体制や政治を否定し変えようとするすること。また、その立場

L15 インテリゲンチャ…知的な仕事についている人。知識人。インテリ

L17 同定…決めること ≒規定

L17 恰好《かっこう》（格好）の…手頃な

L19 自恃《じじ》…プライド

L23 愚昧《ぐまい》…愚かなこと

L23 堂宇《どうう》…壮大な建物

L24 進取的…新しいものを取り入れるさま

L25 不朽…朽ち果てることのないさま。永遠

L26 伍《ご》する…同じ位置に立つ（並ぶ）こと

L27 社会主義…資本主義のあとに現れて、貧富の格差をなくそうとする共産主義の第一段階

L34 校注…古い本の本文をほかに伝わる本と比べ、正すこと

L36 啓蒙《けいもう》…**p.26 語句「啓蒙」参照**

L37 客観的…**p.48 語句「客観的」参照**

L40 高踏的…世俗を抜け出て、気高く生きること

L43 通暁《つうぎょう》…くわしく知っているさま

L45 軽侮…かろんじてあなどること ≒軽蔑

L47 規範…きまり。手本

L47 孤高…ひとりかけはなれて高い境地にいること

L48 観念的…頭の中だけで考えていて、現実離れしていること。＊観念…①心や頭の中にあるイメージや考えかた　②あきらめること（「観念する」という形が多い）

L49 与《くみ》する…関わること。加わること

L54 先覚…学問上の先輩

L56 慇懃《いんぎん》…丁寧なさま

L58 百科全書的な…この場合は、多くの知識をもつ、博学な、という意味

読解のポイント

Ⅰ

明治・大正前半

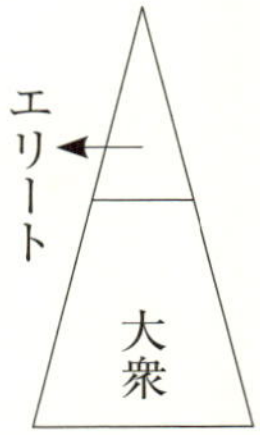

大正後半

…大正デモクラシーなどによる知識社会の膨張

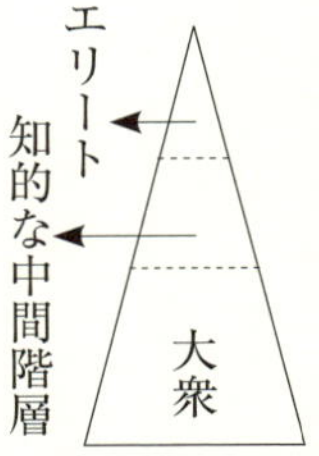

Ⅱ　知的な中間階層＝新興インテリ、と特権階級＝エリート、の対立

Ⅲ　昭和の学界人と明治のエリートとの共通点と相違点

問題文は時代の流れに即して対比が三つあります。その三つの対比に即して、問題文を見ていきましょう。

I 明治・大正前半と大正後半の知的社会の相違（冒頭〜L12）

まずは明治から大正前半の知的社会の構造、と大正後期の知的社会の構造の対比です。これについては「読解のポイント」の図で示したように、大正前期までは、単純に、知を身につけた少数の「エリート」＝「学界」と、知とは縁遠い大多数の「大衆」＝「草の根層」、という単純な「二極対立」の構造です。

でも大正後期になると、〈大正デモクラシー（＝民主主義）〉という言葉があるように、知もまた平等に与えられるべきだという考えが広まったのでしょう。「私も知を身につけたぞっ」という人たちが多くなっていきます。「エリート」のことを「選良」と言い換えることがありますが、それは文字通り〈選ばれた良き人〉という意味です。「選ばれた少数者」（L9）だからこそ、「エリート」は「大衆」を上から目線で見ることもできたのです。なのにその「エリート」がたくさんいるようになっては、自分の価値が下がります。そこでもとから「エリート」だったと思う人は、新しく「エリート」だといい始めた人たちと自分たちを分けようとします。そこに「純粋なエリート」と新しく成り上がったエリートに「準ずる人間」＝「知的な中間階層」（L12）という区分けが生まれます。これに「大衆」を合わせ、「三層構造」の知的序列（＝上下関係、ヒエラルキー）が生まれます。

II 新興インテリと特権階級の対立（L13〜L38）

知を身につけて新しく「エリート」になって、自分が「エリート」だっていっているのに、「お前は準エリート」だっていわれたら、ムッとしますね。格差のある社会で、不満をもつのは「下積みに置かれた側」（L13）の人、負け組とかいわれたりする人たちです。

だから大正後期にムッときたのは、新しく「エリートだっ」っていってるのに、「準エリート」だといわれた人たちです。そしてこの人たち＝「知的な中間階層」、はジャーナリズムと一体となり、自分たちを「インテリ」と呼び始めます。そして昭和初期の社会では「学界に生きる専門研究者」(L18)＝旧来の「エリート」と、「ジャーナリズム」と一体となった「インテリ」、との間に「分裂」が生じます。

　こうした新興の「インテリ」の、〈ホントはエリートを超えるような知を身につけてるのに、エリートから見下されてる〉という「複雑な自恃の感情と学界人への反抗心」(L19)を示したのが岩波文庫「発刊の辞」です。

　この文章は、「不朽の書」＝知識を「少数者」＝「特権階級」＝「エリート」から奪い取り、「民衆に伍せしめる」＝民衆とともに分かち合おう、という、いわば「エリート」に対する挑戦状でした。

　ここでいわれている「特権階級」とは、「岩波文庫を必要としない人間」(L32)です。「岩波文庫」は、簡単にいえば世界の偉大な書物の翻訳です。「特権階級」＝「学界人」＝「エリート」は外国語ができるので、原書を読めます。つまり翻訳は要らない。「特権階級」は原書を翻訳して「岩波文庫を作る」人＝「翻訳や解説を自分の知識からあたえる人間」(L34)、なのです。

　発刊の辞の筆者には、「岩波文庫を必要とする人間」＝「インテリ」や一部の大衆、と岩波文庫を必要としない人、という「階級対立」(L32)が見えていたのですが、よく考えると、岩波文庫「発刊の辞」を書いた筆者は、「岩波文庫を作って」大衆を「啓蒙する側」の人です。〈私がみんなに知を与えるから、読んでくれ〉といっているのですから、「発刊の辞」の筆者は相当高い知のレベルの持ち主、つまり「特権階級」だということになります。でもどの階級に属するかは、L37にも書いてあったように、自分の主観です。「発刊の辞」を書いた筆者は「知を特権階級から取り戻せっ！」っていってるのですから、主観的には、自分は「インテリ」の側だと思っています。このように「学界人」と「インテリ」との差は、「客観的な能力や知識の量の違いではなく」、「知識人とは何かという自己認識の違い」(L37)なのです。つまり知識人自身が、知識人とは学界において知識を操る人だと思えば「学界人」になってしまうし、そうじゃなくて、知識人は民衆の立場に立って知識を解放すべきだと思い、活動すれば「インテリ」となるということです。

Ⅲ 昭和の学界人と明治のエリートとの共通点と相違点（*L*39～ラスト）

主観的ではありましたが、「発刊の辞」を書いた筆者の中にあった「学界人」に対する「反抗心」は間違ったものではありませんでした。たしかに昭和の初めに、『少数者の書斎と研究室』を守るエリート」（*L*39）がいたからです。その中の「学界人の大部分」や文学者などは明治の初めに、初めて西洋の書物から多くのものを学んだ「明治一代目の知識人の伝統」とつながろうという傾向がありました。つまり昭和の学界人らと「明治一代目の知識人」にはつぎのような〈共通点〉があるのです。

- **西洋近代文化や東西の古典的教養の持ち主**
- **外国語の素養**
- **外国留学の経験**

でも昭和の学界人は「明治一代目の知識人」とつぎのような**〈相違点〉**もありました。

- **ジャーナリズムへの対応の違い**
- **政治への関心の有無**
- **専門性を重視するか総合的知識を目指すか**

明治のエリートはジャーナリズムにも政治にも関わった。でも大正後期の「特権階級」の流れを受けついでいる昭和の学界人は、「インテリ」とつながっている「ジャーナリズム」には関わらない。政治も俗っぽいものであり、学問の世界に「孤高」に生きる自分には関係ない。「政治」を現実的に否定しているわけですから、「観念的な反体制主義」＝頭の中だけで社会のありかたに反発するという立場、に加わっていたといえます。そしてどんどん狭い専門の世界に昭和の学界人は入っていきます。「大学という制度のなかの学者たち」（*L*56）＝「学界人」、は他人が自分の専門に口を出すことを冷たく拒み、「素人《しろうと》」を「軽蔑」しました。それが「百科全書的な先輩」＝「明治一代目の知識人」、につながる「立場」だと勘違いして、大学で狭い専門の世界に閉じこもっていったのです。

テーマ　学際的

問題文に書かれているように、学問や科学技術は発達すればするほど細分化され、専門化してきています。それは狭く深い世界であり、素人にはわからない世界です。

でも大衆の権利意識と知的度合いが高まるにつれて、大衆は自分たちにもわかる世界を示すことを専門家に要求するようになります。すると専門化に歯止めがかかり、より幅広い学問分野がクロスオーバーしたり、コラボしたりするようになります（また専門を深めると、専門分野を超える領域につながらざるをえなくなります）。こうした異なる学問分野が一つのテーマに関わっていくことを**学際的**といいます。「総合」という名前のついた学部などがふえてきているのは、そうした世の中の風潮の結果といえるでしょう。

ひとこと要約

日本の学界人はインテリや明治期のエリートと違い、閉鎖的である。

200字要約

満点30点

[a]大正前半までの日本の知的社会はエリートと大衆という二元構造だったが、[b]大正後期にはエリート、インテリ、大衆、という三層構造になった。そして[c]昭和初期には学界人とインテリとの間で分裂が深まっていったが、[d]新興インテリは特権階級からの学芸の解放を要求した。一方[e]当時のエリートには明治の知識人の伝統に留まろうとする傾向が見られたが、[f]ジャーナリズムや政治への対応、専門性への態度が明治のエリートとは相違していた。

（199字）

＊a…「二元構造」は同内容の表現であればよい。
＊b…「三層構造」は同内容の表現であればよい。
＊d…「新興」に該当する語句がないものは2点減。
＊f…「ジャーナリズム」、「政治」、「専門性」は一つ欠けるにつき2点減点。

a～fすべて…5点

■■■■ 設問LECTURE ■■■■■

問一 漢字問題（マーク型）

早稲田の商学部は語彙力を重視しているので、漢字もむずかしいです。消去法で解答を導くのがよいでしょう。

C 不朽　①学級（学究＝学問に打ち込む人）　②段丘　③波及　④紛糾　**⑤老朽**

D 校注　①貢献　②幸甚（＝なによりの幸せ）　③拘束　**④校庭**　⑤鉱脈

F 高踏　①透過　②当今　**③踏査**（＝実際に出かけていって調査すること）　④到底　⑤唐突

H 通暁　**①暁闇《ぎょうあん》**（＝夜明け前の暗いとき）　②凝固　③行状　④業績　⑤形相

解答 C⑤　ムズ D④　ムズ F③　大ムズ H①

問二 傍線部の内容説明問題

傍線部G直前の「学界人の大部分」＋「高踏的な文学者や芸術家」と、傍線部のあとの「彼ら」は同一人物です。「彼ら」は「明治一代目の知識人の伝統に踏みとどまろう」としました。それは、「明治一代目の知識人」と同じようなありかたを受けつごうという意識をもっていたということ、を意味します。

その「彼ら」の「拠りどころ（＝基盤、支え）」は、*L*42以降に書かれている

・「西洋の近代文化と東西の古典的教養」
・「外国語」の能力
・「外国留学」

です。これらが「明治一代目」と「彼ら」とのつながりです。なので「明治一代目の知識人の伝統」とは*L*42以降の内容だと考えられます。たしかに夏目漱石は漢文、英語に詳しく、イギリス留学もしました。**3「東西の古典的教養」と4「外国留学の経験」が*L*42以降の部分と一致します。**

1「孤高の尊重」は、反政治的な態度や「高踏的」な態度のことですが、これは昭和の学界人だけの性格で「明治一代目」には当てはまりません。2「政治への無関心」、5「観念的な反体制主義」も、1と同様昭和の学界人にのみ当てはまることです。6も昭和の学界人に該当することで、「ジャーナリズムを重要な地盤とした」漱石らと食い違います。少し漱石などについての知

識が必要な問題でした。

問三 **傍線部の内容説明問題**　**解答** 3・4

まず「皮肉」とは、**①本心と表現が違うこと、②予想したことと結果が食い違うこと、**をいいます。選択肢が抽象化されているので、むずかしいですが、まず今確認した「皮肉」の意味を踏まえ、一つずつ見ていきましょう。

まず**A**から考えます。「知的な階層性の急速な曖昧化（**a** *L*7）」は、エリートとその他の人との差を「曖昧」にすると考えるのがふつうでしょう。でも結果は「知識人のあいだにかえって主観的な階層性の意識を増大した」（**b** *L*8）。それは予想と結果が食い違うという②の意味に該当しますね。そして7の「状況」は**a**が社会の「状況」を説明しているので、**a**と合致しますね。また「内面の動き」は**b**の「主観的」な「意識」と合致します。「うらはらな」という表現は「皮肉」のニュアンスを示しています。なので**正解は7**。

Aの解答を6にした人がいるかもしれません。でも**a**の内容を「前近代」的なことだと断定できないし、「同居」という表現が、相反することが起こっているという「皮肉」な状況とズレます。4はあとまで見ると、**E**のほうが妥当だし、2は知識人の増加を「進歩」と考えたとしても、階層意識が強化されたことは「退行（＝前の状態に戻ること）」とはいえません。かつての「階層は「漸層的なもの」（*L*2）でしたし、「階層意識」が強かったという内容は問題文には書かれていません。何らかの目標を立てて、**a**が行われたのではないので、3もダメ。

Eは今述べたように、**4が正解**。「見かけ」が傍線部のあとの「表向き」と、「実質」が「じつは」という表現と対応しています。「矛盾する」という表現も「皮肉」のニュアンスを示していて、「皮肉」の①の意味に近い。

「表向き」は新しい変革を目指しているのですから1「保守を装った」というのは逆になります。7の「状況」も対応するものがありません。

Iは昭和の学界人が明治一代目の延長上にあることを目指したのに、違った性格をもってしまったことを述べた部分です。昭和の学界人にとって明治一代目が「目

5

標」だったとすると、それと異なった結果＝「到達」、を招いてしまった、と考えることができます。そしてそれは「皮肉」の②の意味とも一致します。すると**3が正解**。

昭和の学界人は「退行」したのではありませんから、2じゃないし、彼らは結局「明治一代目」とつながることができなかったのだから、5「連帯」もおかしいです。

難関大では読解にはもちろん、設問の面でも、違うことばをつなぐ、つまりイイカエられる語彙力が重視されるのでしっかり語彙力を身につけましょう。

解答 A 7　E 4　I 3

問四 **内容合致問題**

選択肢が短いからこの内容合致は楽勝かな、と思うとそうではない。選択肢が短いということはそれだけ内容が抽象化されていて、中身が凝縮されているということにもなるので注意が必要です。

まず1…「ジャーナリズムの発達」は岩波文庫が発刊されることなどを考えればよいでしょう。そして後半部は、「学界に生きる専門研究者」と「ジャーナリズムに拠るインテリのあいだで」、「分裂を深めて行った」（L19）ことと一致します。「ジャーナリズムに拠る（＝拠点とする）インテリ」という表現から、「ジャーナリズム」と「インテリ」は一体ですから、岩波文庫の発刊など「ジャーナリズム」が「発達」すれば、「インテリ」も勢力を伸ばし、その結果「エリート」との対立は深くなるはずです。だから「〜の発達は、〜を促進した」という因果関係も問題ありません。

2…「排他的態度」とはL56のような「他人（＝エリート自身）の専門に口を出すことを慇懃に拒絶」する態度と一致します。また彼らは「素人」を「軽蔑」（L57）します。つまり「私はおまえたち素人と違うんだ」というような「優越」感を誇示するような立場にいたと考えられます。そしてそうした態度やありかたは「(優越的な）自己の立場を鮮明にする道でもあった」（ラスト）のですから、「優越性を確保する手段」だったといってもよいはずです。よって後半部も問題文と一致します。

3…「インテリ」という呼び名はロシアではたしかに「反体制的な知識人」（L15）を指しました。でも「日本の

『インテリ』」が政治的にどういう態度を取っていたのか、は問題文からはわかりません。また「発生」の問題としても、「インテリ」は、「選ばれた少数者」=体制の側に立っていたはずの「エリート」、から分けられて「発生」したのです。ですから「発生から見」て、「反体制的な態度を本質とする」とはいえません。「発生」を問題にしているので、「インテリ」が「特権階級」に反抗していることとは区別して考えてください。問題文後半で「インテリ」と「エリート」は意識の差だけだと述べられ、「エリート」が「反体制」(L49)だと書かれているので、「インテリ」も「反体制」といえるのでは、と考えた人もいるかもしれません。でも3は「発生」について説明しているので、問題文後半の説明とは区別して考えるべきです。

逆に、「反体制」は「エリート」のほうだと単純に考えても悪くはないです。なのでこれは問題文に書かれていないこと、あるいは問題文と矛盾することを述べています。**3が一つ目の解答です**。

4…昭和の学界人はたしかに「専門家」(L54)でした。でも彼らは「『素人』を露骨に軽蔑」したんですから、彼らに人々を「啓蒙」する意志があるとは考えられません。また「啓蒙」を「求められた」とも問題文には書かれていません。

たしかにL36に「啓蒙する側」という表現があります。だけど、これは、エリートでありながら民衆の側に身を置き、「岩波文庫」を作って自ら大衆を「啓蒙」しようとした人のことです。この人は自分では「インテリ」と思っている人であり「専門家」と呼ばれる人ではありません。しかも「啓蒙」を「求められ」て行ったわけでもありません。なのでこの選択肢も問題文に書かれていることと食い違っています。**4が二つ目の解答です**。

5…「昭和の学界人」が「専門家」となって明治の知識人のような「総合的知識」(L55)をもてなかったこと、また「政治」に触れるという現実的行動を取れなかったことを「広い知識や行動力」と「無縁」だった、と述べていると考えられるので正しいといえます。

6…「自己認識」という語句のあるL37を見ると、知識人が「学界人(=エリート)」であるか「インテリ」かは、自分がどういう「知識人」であるか、あるいはあるべきかという、自分に対する「認識」の問題だということがわかります。岩波文庫発刊の辞を書いた人のように、〈自分は民衆の立場に立ち、特権階級の知識の独占を阻止しよう、それが「知識人」なのだ〉と「認識」したら、知識の量や能力の面では「学界人」や「エリート」と同じでも、彼は「インテリ」になるのです。6はこの内容と一致してます。

解答 ムズ **3・4**

問五　空欄補充問題&抜き出し問題

空欄に入るのは、「新たな階層化の出現を意識した」側を表す語句であり、それは空欄部を含む一文前に「下積みに置かれた側によってまず鋭く意識される」と書かれているので、「下積みに置かれた側」と同じ側です。この「下積みに置かれた側」と空欄部は、抽象（まとめ）と具体（例）の関係といってもよいし、**接続語なしにつながる文同士はイイカエ関係であることが多いということからもイコール関係になると考えられます。**

また「下積みに置かれた」といっても本当に下層の大衆ではなく、空欄部のあとにあるように「新聞、出版ジャーナリズム」と関わる側ですから、「ジャーナリズムに拠るインテリ」（L18）のことです。でもこれでは「十字以内」にならないし、「インテリ」だけでは4字で短すぎます（4字の解答を求めているのなら、5字以内とするはずです）。

梅 POINT　抜き出し問題の下限の字数は、「○○以内」マイナス4字と心得るべし。

そもそも「インテリ」という語自体が空欄のあとから説明されはじめる語なので、一度いったことだ、とか一般常識で誰もがわかるだろう、という意味を含む「いうまでもなく」という語とのつながりがよくないです。ここで「インテリ」という語を出して、そのあとで説明するという文脈もアリですが、それならば、「いうまでもなく」という表現をあえてつけたことの説明がつかなくなります。「新興のインテリ」（L19）も同様の理由で×です。

抜き出し問題であると同時に空欄補充問題でもあるので、空欄の直前直後との関係を最もスムーズなものにする語句を解答にすべきです。

すると、「インテリ」は「エリート」の下に位置づけられたわけですから、**「知的な中間階層」**（L12）が「下積みに置かれた側」で「インテリ」と同じ意味です。なのでこれが正解です。ただし同様の表現「新しい知的な中間階層」（L17 10字）があります。空欄直前の「いうまでもなく」という表現は、先にも書いたように一度登場した表現をもう一度用いる場合に使ったほうがふさわしいので、空欄部よりも前に登場する「知的な中間階層」のほうが妥当ですが、内容が同じで字数条件にも合致するので、「新しい」をつけた解答も許容です。ただし抜き出しで複数の解答を認めることはあまりないので、より適切なほうを選ぶという意識はもっておいてください。「膨張したエリート階層」（L10）にはトップ層の「エリート」も含まれるので×。

解答 **（新しい）知的な中間階層**（7字）

問六 **知識問題**

「自恃」はプライドですから、**「自負」が最も近いことばです**。類似語に「矜持《きょうじ》（恃）」があります。「自信」は惜しいですが、「自恃」は「自信」よりももっと強い自分への信頼を表すので、「自負」より劣ります。また「自尊」を答えにした人もいるでしょうが、「自尊心」、「独立自尊」というような形で使うのが一般的で、「自尊」だけ、というのは日本語として違和感があります。「自惚《うぬぼれ》」ではマイナスイメージになります。「自恃」は「自持」と書く場合もありますが、「自持」という解答は単に字を変えただけで、設問の意図に合いません。

ムズ **解答** **負**

問七 **内容説明問題＆抜き出し問題**

「岩波文庫」は自分は民衆の側に立つと決めた「インテリ」が、特権階級から「学芸」や「知識と美」を民衆の側に奪い返すことを目的として発刊されました。また「象徴」という語は〈ある抽象的なことがらを具体的なもので置き換えて示すこと、あるいはその具体物自体〉という意味です。そうすると、「岩波文庫」が具体物ですから、「AのB」という部分は〈抽象的〉な内容であるべきです。これが大事な条件。

ただし、この「AのBの象徴」という表現は、いろんなふうに取れて困ります。

5

①AとBの間の「の」が「を」の代わりをする場合＝「AをBする（例：学問を研究する→学問の研究）」。

②AとBの間の「の」が主格として「が」の代わりをする場合「AがBする（例：植物が生育する→植物の生育）」。

③AとBの間の「の」が連体格の「の」として働いて、AがBの修飾語であるというふうにも取れる場合＝「AのB（例：日本の国力）」。

④AとBの間の「の」が同格として「という」の代わりをする場合＝「AというB（恋という感情→恋の感情）」、などです（④のパターンで解答を作ることはできなそうです）。

形から考えると、混乱するので、「岩波文庫」の性格から考えて、自然な日本語になるように考えましょう。

まず「発刊の辞」の内容から考えると、「岩波文庫」は「学芸」を（民衆に）「解放」しようとしたのですから、「岩波文庫」は学芸を解放（啓蒙）することを象徴している→「**学芸の解放**の象徴」、というような答えが妥当でしょう。ただし「学芸」の部分を「知識」や「真理」としてしまうと、「美」と関わる「芸」の部分が抜けてしまうので△（4点）。これは「の」が①の場合に当てはまりますね。「学芸」がみんなのものだということを示している、ともいえるので、「**万人**の**学芸**の象徴」もアリですね。

また「岩波文庫」は、「インテリ」が「民衆」の側に身を置いて「特権階級」に反抗することを宣言して始まったものです。だから民衆が反抗することを象徴している→「**民衆**の**反抗**の象徴」もいいでしょう。これは「の」を②の意味で取った場合になります。またこれは「民衆の反抗」というふうに③だとも考えられます。「**民衆の要求**」もOKです。正確には民衆自体の要求ではなく、民衆になり代わったインテリの「反抗」であり「要求」ですが、許容範囲でしょう。「民衆の学芸」は、民衆自体が初めから「学芸」を所有していたみたいでおかしいです。「学芸の反抗」も×。「学芸」が「反抗」したみたいでヘンです。「学芸」に「反抗」したと解釈しても「学芸」自体に反抗したのではなく、特権階級のありかたに反抗したのだし、日本語としても「学芸への反抗」となるべきです。

「階級の対立の象徴」は、内容的にはよいと思います。たしかに「岩波文庫」は、「インテリ」と「学界人」との対立の上に成り立っているからです。「の」も②や③の場合といえます。だけど、*L* **32**にある語を二つに分けた解答で、こうした解答は大学側が意図している解答の作りかたとは思われないので残念だけど、×。

L **2**から「階層」をピックアップして「**階層の対立**の象徴」、という答えはナイスです。解答が定まりにくい設問ですが、「階級の対立の象徴」や「知識の源泉（*L* **34**）の象徴」（これも×）など、問題文の語句をそのまま使ったり、四字の熟語を、単に二つに分解して答えるというような解答の仕方はしないようにしましょう。

ムズ　**解答例**　**学芸（の）解放（の象徴）**

5

6
評論

『人と人との間　精神病理学的日本論』

上智大学

別冊（問題）p.46

解答

問一	問二	問三	問四	問五	問六	問七	問八
d	d	c	b	b	a	d	a・c・e
4点	5点	6点	6点	6点	7点	7点	（順不同）3点×3

ムズ　問一、問二、問五、問六

大ムズ　問八e

合格点 30点

/50点

問題文LECTURE

語句ごくごっくん

L15 苦肉の策…苦労した末に考え出した案

L25 卑称…自分または相手をいやしめていうことば

L29 アイデンティティー…p.48 語句「アイデンティティ」参照

L30 客観的…p.48 語句「客観的」参照

L48 主体的…p.26 語句「主体的」参照

L59 契機…①きっかけ　②大事な要素

L59 抽象…具体的な個々のものごとから、共通する性質を取り出すこと

L60 具体的…現実のものごとに即していて、わかりやすいさま。＊具体…はっきりした形のあるもの

L63 くびき…自由を奪うもの。この場合は〈枠組み〉という意味

問題文は第5段落冒頭L29の「さて」で後半のテーマが示され、それ以前の日本語と西洋語との対比が終わり、西洋語にだけ焦点が絞られていきます。なので問題

文を二つに分けて見ていきます。

読解のポイント

・西洋語の一人称代名詞は一つしかいない

↓

・不変の自己の存在を示している

Ⅰ 日本語と西洋語の人称代名詞の違い（冒頭～L28）

日本語には十個以上の「一人称代名詞」があります。二人称代名詞も同じように日本語では数が多い。また一人称にしても二人称にしても、日本語では省略されることが多いです。

これらに対して西洋語の二人称代名詞は、多くて二種類。「心理的距離が減少する」（L11）というのは親しくなりつつある、ということです。「心理的距離が減少しない」というのは、常に一定の距離を取ることを義務づけられているような上下関係がある場合や、「よその大人」（L35）という、別に親しくなりたくないという感情をもつ人に対する場合も考えられます。だからそうした場合に使う「ヴ」などの二人称代名詞が日本語の「敬語的」な語にそのまま当たるというわけではありません。「ドゥー」は「距離が減少する方向」にある相手に対して使うドイツ語の二人称代名詞ですが、これを「汝」と訳すのは、「汝」というのがかしこまった「距離」を感じさせる日本語なので、ミスマッチな気がします。それは、一般的に「敬語的」に考えられている、日本語の二人称代名詞が「相手を低く見た卑称」（L25）であることにも原因があるといえるでしょう。このように二人称代名詞だけを見ても、日本語と西洋語には大きな違いがあります。

Ⅱ 西欧語の人称代名詞の意味（L29～ラスト）

日本語のことにも触れてきましたが、筆者の関心は「人称代名詞と人格的アイデンティティーの関連」（L29）にあり、とくに問題文では、西洋語の一人称代名詞が分析対象になっています。

西洋語では一人称代名詞が一語しかない。このことは「自分」が「いつ、いかなる事情においても、不変の一者としての自我でありつづける」（傍線部**3**）ことを意味しています。「思想」や「思考」が、言語（「内的言語」として、内面で使われた場合でも）がなければ存在できないのだから、一人称の言語とともにある不変の「自己」が、すべての「思考」に先立つことを意味するのです。

テーマ　コギト・エルゴ・スム（主客二元論）

ここで問題文の内容に関するお話をします。「**コギト・エルゴ・スム**」という言葉を記したデカルトは、「真理」を見いだすために、あらゆる曖昧なものを否定しました。この世のすべてのものはその存在を疑える。自分の前に展開されている現実も夢かもしれないと疑うことができる。彼はそうやって意識的に疑い（「方法的懐疑」といわれます）、疑いえないものを探しました。それが「真理」に向かう土台になると考えたからです。そしてたどり着いたのが〈自己の意識〉です。たしかにこの現実は夢かもしれない、でもこの状態を「夢かもしれない」と思っている「私」のこの意識だけは疑えない、彼はそう考え、「**コギト・エルゴ・スム**」といったのです。これは「われ思う、故にわれあり」と訳されていますが、「私の意識がまずある、それゆえ私が存在する」という意味です。この「私」の意識を「**主体**」と呼び、それ以外の疑いうるすべてのものを「**客体**」と呼び、理性をもった主体を土台として、客体を観察・分析することで、デカルトは「真理」にたどり着くことができると考えたのです。このように絶対的な主体と、客体に、世界を二つに分ける考えかたを**主客二元論**といいますね。

というわけで、西洋語の一人称代名詞は「主体」＝「われ」が一切疑われずに、なにものにも先だって、はじめからあるのです。***L*44**以降も同じことをいっています。「われ」が「思う」前に、あるいは「私」っているよねって「反省」したり「客観的」に見られた「スム」という「われあり」より前に、「われ」の意識は疑われることなくある。つまり、「われ」が「思う」ことで結果的に導き出されたはずの「われあり」＝「スム」、より前に「われ」は存在することになっている。これはヘンな話ですが、それほど「自我」の意識の存在が絶対だということです。

ここに筆者が見きわめたかった「人称代名詞」と「主体性《アイデンティティー》」の関連についての一つの答えがあります。この「われ」という主体の絶対性が、一人称代名詞の不変性、強さを支えているのです。

そしてもう一つ、二人称代名詞と「アイデンティティー」との関連について語っていくのが、L51以降です。

二人称代名詞が少ないということは、簡単にいえば、他人はみんな同じ、ということです。「相手が自己の当面の相手であることのみが問題になっているのであって、その相手が誰であるかということは、まったく無視されている」（L55）ということは、自分の前に自分とは違う人がいる、ということが問題なのであって、それが誰かはどうでもいい、ということです。

ここでも大事なのは「私」です。「相手」はどうでもいいのですから。そう思うから同じ人称代名詞で呼べるし、誰に対しても同じことがいえるのでしょう。これが「自己中心主義」であることはいうまでもありません。だから「西洋の二人称代名詞」は相手の「個別性を奪って」（L58）、「自己本位の契機（＝大事な要素）だけを抽象したもの」なのです。相手は「物」になっているといってもいいでしょう。西洋語で二人称代名詞を使うときは、その人を呼んでいるのではなく、その人を「私自身ではない」といっているだけにすぎない、ということになるのです。

6

筆者が西洋語の人称代名詞と「主体性」との関連について出した、二つ目の答えは、二人称代名詞を通じて得られたものであり、西洋語の人称代名詞は、徹底した自己中心主義に基づく、ということですが、これは一つ目の答えと重なるものだった、ということになります。

ひとこと要約

西洋人にとって自己とは絶対の存在である。

200字要約　満点30点

[a]日本語には、一人称代名詞も二人称代名詞もそれぞれ多くあるが、[b]西洋各国語の場合、一人称代名詞は一語しかなく、二人称代名詞も一語か二語しかない。[c]西洋語のこの特徴は、自己が不変の自己同一的な自己であるということがいっさいの思考に先立つ既定の事実として前提されていることを意味すると同時に、[d]自己の前に現れる他者が、誰であろうとすべて自己に対立する相手として物体化されているということを意味しているのである。（199字）

＊a・b…「一人称代名詞」についてしか書かなかったものは2点減。

「二人称代名詞」についてしか書かなかったものは不可。
＊c…「不変」か「自己同一的」どちらかあればよい。ないものは4点減。単に「自己が自己であるということは、既定の事実」は4点。
＊c…「自分が不変の一者としての自我でありつづける」も可。
＊d…「自己に対立する相手として」がないものは2点減。
a・b…7点／c・d…8点

設問LECTURE

問一 傍線部の内容説明問題&知識問題

これは傍線部以外に手がかりがない設問なので、傍線部1を分析して、選択肢を見て消去法、というパターンで解きましょう。まず傍線部に「特に」とあるのは、ほかの使いかたもあるかもしれないけど、「自己に関することを述べる」ときに使うのがメインなもの、という意味か、「自己に関することを述べる」ときに特別に使うもの、という意味かどちらかでしょう。a「する」、b「やる」は英語で言えば「DO」ですから、自分にも、そして誰にでも使えます。すると「特に」と傍線部であえていう必要はない。c「なさる」は相手や他人の「DO」に対する尊敬語。なので「自己」には使わない。だから×。d「いたす」は「DO」の謙譲語（丁寧語）で、自分が相手になにかするときに使う。するとこれが傍線部の「特に」を、自分に関することを述べるときに〈特別に〉使うというふうに解釈した場合と一致するので、dが正解。だけど傍線部の意味が揺れるし、選択肢もアイマイだし、答えにくい、上智らしい設問です。

ムズ

解答 d

問二 傍線部の内容説明問題

西洋ではまず二人称代名詞を身近な家族などに使うのですが、もし日本で、親に向かって「あなた、お茶買ってきて」ってみんながいったら、とてつもなくヘン。その理由の一つは「あなた」という二人称代名詞が、たいてい自分より「対等以下の相手に対する場合」に使われることになっているからです。だから親や「恩師」に対して使ったら相手を下に見ていることになるので、関係悪化間違いなし。あるいは傍線部2にあるように「関係が事実上断絶している」から使える、ということなのです。「関係が事実上断絶している」ということは、もう関係が切れている、あるいは修復できない状態ですから、dが今述べたことに一番近い。なので**正解はd**。

a チョイマヨ 「言動に、関心が持てない」というのも「関係が事実上断絶している」ことの一例になるかもしれません。でも「言動」に限定している点で、傍線部の「関係」という内容より狭い内容になっています。

梅 POINT　傍線部内容説明問題では、傍線部の内容だけではなく、傍線部の表現とも対応した選択肢を選ぶべし。

するとdの「つながり」のほうが「関係」のイイカエとしていいでしょう。b「議論をいどまざるをえない」は、たとえ怒って議論をふっかけようとしているとしても、「関係」を作ることになるので傍線部とズレ。cの「本音を語りたくない」というのもaと同じく、傍線部の一つの例にすぎず、限定された内容になってます。

ムズ　解答 d

問三　傍線部の内容説明問題

傍線部3は、これ以上かみ砕いて説明できないくらい、わかりやすいのですが、とにかく傍線部の内容説明問題は傍線部のイイカエを求めているという原則に基づき、選択肢の中で一番傍線部の内容、そして表現に忠実なものを選んでください。**それはcです**。前半は「不変」を、「常に他から独立した」は「一者」のイイカエになってます。

aは「『アイ』という言語表現を用いるまえに」が傍線部と無関係の内容。bは「不変」なのが「人称代名詞」になってます。だけど傍線部で「不変」なのは「自我」です。dも傍線部とは関係のない「人称代名詞」の話が出てくる。それに「自分の主体性」ならわかりますが、「自分の言語表現の主体性」の話は傍線部でも問題文でもされてません。

解答 c

問四　傍線部の内容説明問題

傍線部4は**〈「思想」は「言語」があるということを想定（＝「予想」）しなければ成り立たない〉**ということです。**これと最も近い内容はb**。「音声化することはないにしても」というのは、傍線部の「内的言語（＝内面で用いられる言葉＝例：言葉が頭の中だけで使われているとか、心の中のつぶやき）の形ではあれ」をイイカエた部分です。**a**の「国民」はどっから出てきたっ⁉て感じで大ハズレ。**c**は「個人的な見解」と「内的言語」は同じではないので傍線部と対応しません。また「思想」が「言語論の形」をとるというのも、傍線部の内容とは大ハズレ。**d** チョイマヨ は「発表される」が余分。「思想」が「発表される」かどうかではなく、傍線部は「思想」という営み自体、つまり、ものを考えるという営み自体の話をしているのです。また「社会に流布しない」としても家族に向かって、あるいは誰かに向かって叫んでいるかもしれないので、傍線部の「内的言語の形ではあれ」の説明としては不適当です。

解答 b

問五 傍線部の内容説明問題

少しズルッコで傍線部**5**が「反省以前」まで引かれていませんが、傍線部の「われあり」は「このような反省以前の」「われあり」で、「このような」は同じ表現のある「反省以前の主体的な『われあり』」（L48）を受けています。そしてこの「われあり」は、「すでにコギトの前に前提されている」つまり「コギト（われ思う）」という形で自分を「反省」し言葉で確認する前に、すでに「われ」はあるのです。この「われ」が土台となって、「コギトをコギトたらしめている」。このことは「コギトが、すでに『われ思う』として、われの存在を前提としている」（L45）という説明からもわかります。

でも「コギト」＝「われ思う」ということも「反省以前の」、傍線部のような「われ」が思うのですから、「コギト」＝「われ思う」の「われ」、と「反省以前の」「われあり」の「われ」が違うものであるわけではない。意識されない「われ」がまずあり、その「われ」が思い、そのことが「思ったな」と「反省」されて「われ」の存在が明確になる、というプロセスです。だから「コギトをコギトたらしめているところ」の「われ」は、「コギト」の内部にはじめからある。

これをイイカエると、**b**のように、「『われ』は『コギト』という表現（＝言葉）の内部に、最初から不可分に（＝分けられない形で）含まれてしまっている」となります。なので**正解はb**。

aは「問いを有効にする」が傍線部とも問題文とも一致しません。**c** チョイマヨ は「デカルトが導き出した」が説明として不必要。傍線部と関係ないし、このいいかただと「反省され、客観視された『われあり』」なのか、「反省以前の」「われあり」なのか、わかりません。前者だとすると傍線部と×になる可能性があるので、いい選択肢ではない。dの「客観視」は「反省」（L48）と同じですから、傍線部直前の「反省以前」と×。

傍線部の解釈がむずかしい設問です。ムズ

解答 b

問六　傍線部の内容説明問題

傍線部6は傍線部の前の一文と接続語ナシにつながっています。**接続語ナシにつながる文同士はイイカエの関係になっていることが多い**のでしたね。すると傍線部とその前の文はほぼ同じ内容だということになります。そして傍線部のすぐあとでは「これは、実に徹底した自己中心主義」で、「他者から、そのいっさいの個別性を奪って」（L58）いると書かれています。すると傍線部は**〈自分の前には相手（＝自分と違う他者）がいるということだけが問題であり、相手が誰かという、その人の個別性はどうでもいい（という自己中心的な考えかたをしている）〉**、ということになります。

これに最も近い内容はaです。「捨象」は〈個々の特徴などを取り去る〉ことですから、「個別性はどうでもいい」という内容と一致します。「対立」が気になった人もいるかもしれませんが、L59の表現をそのまま使っただけなので問題ありません。aの前半は、相手は自分とは違う、ということだけが問題だという、自己中心的な考えを説明しています。

bの「相対的」は〈ほかと比較されたり、関係づけられたりするさま、またその結果変化が生じるさま〉をいいます。でも、傍線部の「自己」は相手によって変わったりしない「不変」（傍線部3）の「自己」だし、「自己の前に現われる他者が、それが誰であるか、自己といかなる関係に立っている人物であるかを問わず」（L51）とあるので、ほかとの関係によって変化したりすることはないです。cは「一個の人格としてとらえられる」が傍線部、とくに後半と×。d チョイマヨ は「主体性」に限定している点がおかしい。傍線部の「相手」の「個別性」には、性別とか立場とかいろいろあるはずで、それを「主体性」だけに限定する根拠がありません。

ムズ

解答 a

問七 傍線部の内容説明問題

「くびき」は、〈自由を奪うもの〉という辞書に載っている意味では、この場合意味が通じないので、そのニュアンスを生かしながら、〈枠組み〉、〈制約〉というくらいにイイカエられるとナイスです。ただ傍線部**7**以外に「西洋語」の〈枠組み〉について書いてあるところはないので、問題文で説明されている「西洋語」の性格と選択肢を照らし合わせる消去法でいきましょう。

まず**a**は「二人称代名詞を物体化」が×、問題文で「物体化」されているのは「他者」(*L*60)です。それに「歴史が重視される」もナシ。

bは「ので」という因果関係が成り立たない。

cは「人格的な出会いを表現できない不完全」なものという内容が問題文にナシ。

dは、「他者」が「ユーという抽象的概念によって物体化されてしまっている」(*L*61)や「他者から、そのいっさいの個別性を奪って」(*L*58)いると書かれていることと合致します。なので**dが正解**。

解答 **d**

問八 内容合致問題

a…傍線部**2**の前の「あなた」のこと、「すべて相手を低く見た卑称」(*L*25)と一致。○。

b…後半が問題文にナシ。×。

c…傍線部**6**のあとの内容と一致します。○です。

d…「あなた」は「対等以下の相手に対する場合に限られる」(*L*20)とあるので、「使い分け」はあります。×です。

e チョイマヨ…西洋の「一人称」「代名詞」が「省略できない」ことは*L* **31**に、「自然に身につく」ことは*L* **34**に書かれています。では「動詞の人称変化にあらかじめ含まれている」というのは？ これは日本語で一人称代名詞が「省略された場合……人称変化も存在しない」(*L*3)と書かれていることを対比的に裏返したのでしょう。そして事実西洋語は主語によって動詞の形が変わるものが多いのです(これは少し西洋語の知識が必要かもしれません)。また「概念」といういいかたにも引っかかりますが、「ユーという抽象的概念」(*L*61)とあり、二人称代名詞を「概念」といっているので、「一人称代名詞」も「概念」といえなくはない。なので、許容範囲といえます。

eよりもよいものがランキング第3位になってくれればいいのですが、fも「西洋から輸入された概念である」なんて問題文にナシだし、「起因」するという因果関係もおかしい。するとb・d・fはみんなワースト2。eも「ナシ」というワースト2っぽいけど、かろうじて**L3**の日本語との対比から推測できる。だからほかの三つよりはマシ、というふうに、ランキングで考えてください。

解答　a・c・**大ムズ**e

7 評論

「精神の非常時」

早稲田大学　文学部

別冊（問題）　p.56

解答

問一	問二	問三	問四	問五	問六	問七
イ	ヘ	問題群	ロ	1 ニ 2 ハ	イ ハ	1 明瞭 2 零落 3 陶酔
6点	6点	6点	6点	4点×2	（順不同）6点×2	2点×3

ムズ　問四、問五、問六イ、問七2

合格点 34点

/50点

問題文LECTURE

語句ごくごっくん

L12 恰《あた》かも…まるで。ちょうど

L20 無骨…洗練されていないさま

L20 粗忽《そこつ》…軽はずみな

L27 象徴…p.16 語句「象徴」参照

L35 落魄《らくはく》…落ちぶれること

L42 体系…まとまり。組織。システム

L53 盤踞《ばんきょ》…うずくまること

読解のポイント

・大きな変化が訪れ、「問題群」が眼前にある

↓

・「問題群」に単に「解答」を出すという姿勢は×

↓

・単純に問題をまとめず、個別に対応することが必要

問題文は現代社会の状況を述べた第1段落、その状況に対して安易に「解答」を出す態度を述べた第2～第4段落、「そうして」という指示語で「体系性」の偏重という話題に転換した第5段落、さらに時代の状況に対して、私たちが取るべき態度について述べた最終段落、の四つに分けることができます。この分けかたに即して、問題文を見ていきましょう。

Ⅰ 現代社会の状況（冒頭～L11）

筆者がいう「人類史的大変化」とは、「過去・現在・未来」に関わり、「芸術」や「生活形式」にも関係するものですから、自然破壊、思想、経済体制、多様なものの変化をひっくるめたものでしょう。そしてそうしたものを含む「巨大な歴史（＝L8「極大なるもの」）」の変化が「一つ一つの小さな個別的事物（＝「極小なるもの」）」と「交叉《こうさ》し合って」（L7）「問題群」が作られていきます。もちろん筆者は一般の人間に対しても「知的」な態度を求めているでしょうが、筆者自身、学者であり思想家ですし、「研究」という語が登場するこの文章は、学問に関係する人をメインの読者として想定しているといえるでしょう。そして「研究」者を中心とする「私たち」は、「問題群」と「忠実に対決」する以外に「知的誠実と思考の真理性を確保する」（L10）ことはできないと筆者は考えています。

Ⅱ 安易な「解答」を出すことへの批判（L12～L40）

こうした「人類史的問題群」を無視して、なにか役に立つ「実用」を重視する「目的」をはじめに立てて、そこから「論題」を取り出し「解答」を作ってみるという「研究上の姿勢」を、筆者は批判します。

「真理」に関わる「真偽」の違いは、実は「解答」にあるよりは、「『問題』の立て方（＝なにをどう問うか）」にあるのです。この部分の〈対比〉を整理してみましょう。

> ●「解答」…表面的な「美醜」で評価される
> …「虚偽」が「まかり通」ることがある
>
> ⇔
>
> ○「問題」…真偽を「大小」という表現で示す
> …虚偽が「まかり通」ることはない

とすれば、「問題」において、「瑣末《さまつ》な問題」を「重大問題」(L28)として扱っているとき、それはすでに「偽」なのです。

「真」を追求するならば、安易に「解答」を出そうとすることを「警戒」し、「『問題』の分野」を「重視」(L32)しなければなりません。その「『問題』の分野」は、あるいは「問題」自体は、一見「醜い」姿をした「矮小《わいしょう》」なものかもしれません。でも「落魄」したものの中にも、「真実」が存在していることがある。そうした「輝き」を失って見えるものの中に「ダイヤモンド(=貴重なもの)」を見つけること、表面にとらわれず、「質を見極めよう」とすること、そのようなことをしていかなければ、ものごとの「真偽」はわからない。また「現代の根本」にある「危機」の姿も見過ごしてしまう。「危機」を見過ごし、偽りの「解答」を信じこんだあとに残るのは、誰かに「処方された(=作ってもらった)幸福」を自分が作った「幸福」だと思いこんで、偽りの満足に浸る日々でしょう。

Ⅲ 無反省な「体系性」への批判(L41〜L46)

受け身の「幸福」状態に満足する事態と、安易に「解答」を求める姿勢は対応しています。「解答」を求めるということは、結果だけを求めて、結果に至るプロセスや思考を軽視します。だから「う〜ん、なんかわかんないけど、幸せな気がするから、これで正解」って形で、「『解答』主義(=解答が出ればそれでいいという考えかた)」は、「『処方された幸福』への満足」(L41)とつながるのです。そして「問題群」の一つひとつの「問題」に対応することも面倒なので、一つの「解答」をほかの「問題」の「解答」にしてしまいます。一つの「解答」でなんにでも答えられたら、自分のこと「天才か⁉」と思えるし、楽でいいですね。だから何でもつないでまとめる。そこに「体系」(L42)が生まれる。ふつう「体系」という性格をもつことは、まとまっていていいことです。でも、ホントはつなげてはいけないものをつないでしまった「体系」はマズイ。自分の出した「解答」にうっとりし、「偽(=にせもの)」を「真」だと思う「虚偽意識」のネットワーク(=「連絡網」)が作られてしまうからです。

Ⅳ「問題群」への対しかた(L47〜ラスト)

こうした「無反省な『体系性』」を学者が「偏重」す

れば、あとに残るのは「偽りなるものの蓄積」（L49）だけです。それは具体的には「結論」だけが「綺麗《きれい》」なる「論文」の山です。ベンヤミンというドイツの思想家がすごかったのは、こうした「論文審査制度」から「排除」される経験を通じて、「真」を「社会的」に「蓄積」していく営みと、凝《こ》り固まった「『解答』主義」との違い（＝L51「対比」）、を明らかにしたことです。そのベンヤミンほどの天才にはなれないでしょうが、「解答」主義や「体系性」を拒み、複雑な現代の「問題群」の「一つ一つの個別」さを意識して、それらに「肉迫」（L53）していくことが求められている、と筆者は考えています。

ひとこと要約

現代が直面している危機に、安易な解答を出すことなく立ち向かえ。

200字要約

満点30点

人類史上の大変化に曝されるという危機に直面している現代人は、その危機にどう対処するかを問われている。その際、与えられた「論題」への「解答」の出しかたを競うだけの営みに安住したり、無反省に問題群をつなげ「体系性」を作り出したりするのではなく、混乱し落魄したものの中に現代社会の変化の本質を見いだし、現代世界の根柢に存在する問題群に対して、私たち一人一人が肉迫していかなければならないのである。（195字）

＊a…「人類史上の大変化に曝される」など、「危機」の中身の説明がないものは3点。
＊b…「安住している」という形でも可。
＊c…「体系性」の説明になっていればよい。
＊e…「混乱」、「落魄したもの」がないものは各1点減。
a〜f…5点

設問LECTURE

問一 傍線部の内容説明問題

傍線部Aの「精神」という語がL3にあり、「『世界に応答するもの』としての精神」と書かれています。そして「応答」はL4で「立ち向う」と並列されています。

また「経験」とは**〈現実に触れること〉**です。すると**「精神の経験」とは、〈危機を抱えた現代世界に「『応**

答』し、立ち向う」という現実との接触〉という意味になります。**これに最も合致するのはイ。**ロとニは問題文に書かれていることですが、「精神」に関する内容がないので、傍線部の説明になりません。ハは傍線部と〈対比〉されている内容。逆です。

解答 イ

問二 脱落文補充問題

最初の「現代文のお約束」に書いてあるように、**まず設問を見て、脱落文補充など、時間のかかる問題があるかどうか、チェックする**習慣を身につけましょう。その上でこうした問題については以下の解きかたを守ってください。

〈脱落文補充問題の解きかた〉

(1) 脱落文冒頭の指示語、接続語がうまく働くところを考える。

(2) 脱落文と問題文とに、共通語句、類似表現があれば、話題が同じだと考えて近くに入れる。

(3) もともと、逆接・並列の接続語、指示語や話題のつながりなどで強い結びつきをもつ部分の間には入れない。

(4) 迷ったら入れてみて、あとの文脈とのつながりをチェックする。

ではまず脱落文を見ていきましょう。「ここ」という指示語があります。すると脱落文が入る箇所の前には、**〈a 脱落文の「『解答』の世界が持ちうる性質」が書かれている〉**と判断できます。**「解答」について書いてあるのは、へのところだけです。**ほかはみんな「問題」について説明している部分です。だから今回の設問は簡単に決まりますが、早稲田の大好きな設問で、決まりづらいのもあります。

解答 へ

問三 空欄補充問題&抜き出し問題

空欄**甲**直前の「取り巻き且つ貫いている」と似た「組み込み且つ貫き通している」という表現が***L* 8**にあります。この文の主語は「此《こ》の世における極大なるものと極小なるもの」です。これらは「交叉し合って」いるのですが、同じく「交叉し合っている」ものが***L* 7**に書かれている**a'**です。なので

> a「極大なるもの」と「極小なるもの」の交叉
> ＝
> a'「巨大な歴史」と「小さな個別的事物」の交叉

と考えられます。そして**a'**は「問題群の世界」(L7)のことです。すると

> 「取り巻き且つ貫いている」もの
> ＝
> a'「巨大な歴史」と「小さな個別的事物」の交叉
> ＝
> 「問題群の世界」

が成り立ちます。設問条件は「三字」なので**「問題群」が正解**。

梅POINT 空欄補充問題では空欄前後にある語句と類似表現のある箇所をつないで考えるべし。

解答 問題群

問四 傍線部の内容説明問題

傍線部**B**の「その形」とは「問題」の目に見える部分です。「醜い外貌」、「ゲテモノ（＝ヘンなもの）」などがそれに当たります。

また「その核心」は「問題」の中身です。「ゲテモノ」や「落魄」した「問題」の中には、「本質的真実」(L35)があることがある。これが中身＝「核心」。

「ゲテモノ」と「真実」というズレ・ギャップを筆者は「交錯した（＝入りまじった）関係」と記しているのです。だから**正解はロ**。「混乱した形」は「交錯した関係」を、「根本的な問題」は「本質的真実」をイイカエた部分です。

イは「その形」、「その核心」という指示語の説明に当たる部分がない。**ハ** チョイマヨ は「記号」が「形」と対応すると考えたとしても、「真と偽との質的な違い」が「その核心」の説明部分になります。先に説明したことと異なるし「核心」に「偽」が入ってしまうことになるので、おかしい。**ニ**も「その核心」の説明に当たる部分がナシ。

ムズ **解答** ロ

7

問五 **空欄補充問題**

空欄**1**に入るものがマイナスイメージの語句であることは、「取り違えて」などの語句からわかるでしょう。

また**1**が生じる原因である「処方された幸福」に満足する事態と対応するのが、「『解答』主義」であることは、空欄のすぐあとに書かれています。そして「解答」を作ろうとする視線は「精神の経験」(L14)と無縁なものでした。すると「処方された幸福」に「満足」するところにも、生き生きとした「精神」はない。ならばそこには、無意味な「日を送る」「精神の死骸(=死んでしまった精神・まっとうな精神の不在)」が「残る」だけだといえる。だから**正解はニ**。

イ「美醜」は「解答」に関係がありますが、「日を送る」という**1**直前の語とのつながりが不自然。ロ チョイマヨ「矮小な姿」は「問題」について説明されている箇所で使われている語句です。

梅POINT **空欄補充問題は原文の復元。問題文全体での筆者の言葉遣いを考えて入れるべし。**

ということを考えると、**1**にロを入れれば、「解答」主義に関連するところで、「解答」と対比される「問題」に関して使われていることばを使うことになり、ことば遣いに混乱が生じます。ハ チョイマヨ「危機の世界」は、「満足の日を送る」ような現実を見極めようとしないところでは「根本的な危機性」は「見過ごされて了《しま》う」(L38)、と書かれていることとズレます。また「日を送る危機の世界」や「世界が残る」という表現もニに比べて不自然です。

空欄**2**も、筆者の否定している「『解答』主義」を説明するところ。「『解答』主義」は「論文審査制度」などの「制度」と関係があることは**2**の前の部分からわかる。

また「制度」には〈きまり〉という意味があるし、「制度が『結論』……だけを尊重する」(L48)と書かれているので、**2**直後の「凝固」という硬直したイメージと合致します。これらを根拠に**ハ「制度」を入れます**。

イの「反省」は、「『解答』主義」とペアの「『体系性』の偏重」が「無反省」なのだから、「『解答』主義」とも関係ないと考えられます。ロ・ニには入れる根拠がない。根拠があまり見つからないので、消去法でもOK。

ムズ **解答** **1 ニ**　**2 ハ**

問六 **内容合致問題**

イ チョイマヨ…「有用な解決法だ」が×。こういういいかたをすると、「解決」することを筆者が肯定しているようで、安易に「『解答』」を作ることを否定している筆者の立場と×です。**イが一つ目の答え。**

ロ…「先哲（＝かつての賢者）」をベンヤミンと考えれば、彼は「『解答』主義」を批判しました。その姿勢は「問題群に対して」「一つ一つの個別性を通して肉迫」するという誠実な姿勢につながるでしょう。その姿勢を筆者は支持しているのですから、ベンヤミンという「先哲」に「学ぶのは意味のあること」だといえます。「先哲同様にはいかないにせよ」は「ベンヤミンの天才を持つことは恐らく出来ない」（L51）のイイカエです。

ハ…「にのみ」が×。「しばしば」（L35）とあるので、ほかのものにも「本質的真実」が現れる場合がある。だから「にのみ」とはいえない。**ハが二つ目の答え。**

ニ チョイマヨ…L38に、「問題」の質を見極めようとしないと、「真偽の別」はわからず、「現代の根本的な危機性もまた見過ごされて了う」とあるので、「問題」の「質」を見ぬけば、「真偽の別」もわかり、「危機性」も見極められる、といえます。なので**ニ**は正しいといっていいでしょう。「見ることで」という因果関係や、「在り方が……必要だ」という表現の強さが気になりますが、イ・ハと比べれば、問題文と矛盾するわけではないので、まだマシと考えるべきです。

ホ…**問一**や**問五1**のヒントにもなりますが、「処方された幸福」に「満足する日々」に「精神」性はないのです。だから「精神」の働きである「応答」もないのです。するとホも正しいといえます。

解答 ムズ **イ・ハ**

問七 **漢字問題（書き取り）**

2「零落」は〈落ちぶれること〉。**3**「陶酔」は〈うっとりすること〉です。

解答 **1 明瞭**　ムズ **2 零落**　**3 陶酔**

7

8 評論

「デッサンという旅」

同志社大学

別冊（問題） p.64

解答

(一) 1 回顧 2 昆虫 3 軌跡 4 伴侶 5 輪郭 （2点×5）

(二) 3 （6点）

(三) 4 （8点）

(四) 1 （8点）

(五) 2 （8点）

(六) デッサンは画家の意志を逸脱し対象に未知のものを発見していく創造行為だということ。（10点）

ムズ (一)1、(五)、(六)

合格点 36点

/50点

問題文LECTURE

語句ごくごっくん

L3 闊達《かったつ》…こせこせしないこと

L5 逸脱…はみ出すこと

L12 エロティック…感情、とくに性的な感情をあおるさま。扇情的、官能的

L14 表象…①イメージ ②象徴

L15 カテゴリー…部類・部門≒範疇《はんちゅう》

読解のポイント

〈例〉アレシンスキーの線を描くことに関する言葉

＝

〈まとめ〉＆〈問題提起〉…この言葉には、形が生まれ認識されることについてのヒントがある

↓

ものを見て、デッサンするという行為は、身体による、とても能動的で複雑な行為だ

芸術論は苦手という人が多いと思いますが、アレシンスキーとか固有名詞に惑わされず、食いついていく積極性がまず大切だということをはじめにいっておきます。

で、問題文には具体例がいくつか登場します。その例の中で、「ワイングラス」の例は、それまでのアーティストたちの話とは少し違い、私たち素人が絵を描くときに、どのように対象を見るか、という話で、そこらあたりから筆者は「視覚」という問題に入っていきます。前半の例と〈まとめ〉、ワイングラスの例と〈まとめ〉というふうに、二つの例と〈まとめ〉に分けてみていきましょう。

Ⅰ デッサンと創造・認識との関係（冒頭～L36）

アレシンスキーは「最初の線は、常に、わたしから逃げる」といいました。これは自分が思い描いたことと違うものに線が変わってしまう、ということです。

アレシンスキーは「デッサンとは目的地のはっきりしない旅のようなもの」（L20）だともいっています。「水の広がり（L26）」という言葉が唐突ですが、これも「旅」につながるイメージでしょう。そしてこれも、自分の線が、自分の意志どおりにはならないことと、だからこそ、そこに意外な創造性があること、をいっている点で、前に挙げた二つの言葉と同じです。

これらの言葉から筆者は「あるかたちが生まれることや、そのかたちを認識することについて考えるためのヒントがあるような気がする」（L9）と考えます。これは「これから形やそれを認識することについて考えるよ」という〈問題提起〉でもありますから、チェックしておいてください。

またエルンストがやったことは

> a 木目や異様な線の集まり
> →
> b 昆虫になったりする

ということですが、これは

> A ノベルティ（＝新しく起きること）
> →
> B 新しい認識のカテゴリー（＝枠組み）を作る

とイコールです。なにか不思議な形が、「これは昆虫」

8

に似ているなというふうに、「過去に経験した」昆虫のイメージと新しい形が照らし合わされて、今までにはなかった「新たな結合」＝「認識」が作り出されたのです。

アンリ・ミショーの作品も、幻覚剤を使った、ちょっとアブナイ「メスカリン・デッサン」という方法で、「無数の描線」が、「表象（＝イメージ）」を作り出していくというものでした。

これらは、筆者が問題にしていた「かたちが生まれることや、そのかたちを認識すること」に関わる例であり、それらをまとめれば、**「すべてのデッサンは、形態創出とその認識の現場を記録している」**（L19）とまとめることができます。この〈まとめ〉もチェックです。

さっきもアレシンスキーが「旅」について話している言葉に触れましたが、「創造」が「旅」なのは「隠されている何かを見つけてゆくこと」だからです。そして私たちの脳や視覚に関わる「神経システム」は、不思議な線の集まりをなにかに見立てて新たな発見をするように、いつも「創造」を行っている「永遠の旅人」であり、「創造」者です。

〈例〉アレシンスキーらの言葉や作品
＝
〈まとめ〉
①アーティストたちの意志を超えて形が作り出されることや形を認識する現場を示す
②創造＝〈隠されていることを見つける〉＝旅

Ⅱ 視覚の複雑さ（L37～ラスト）

筆者はここら辺から「視覚」と「描写」という問題に入りこんでいきます。その例として挙げられているのが「ワイングラス」を描く、ということです。

今急に「ワイングラスのデッサンを描け」といわれたら、全然うまく描けず、今までなにを見ていたんだろうと思い悩み、「モノを『見る』ということの不完全さ（＝いい加減さ）」（L42）に気づくかもしれません。

私たちにとって「見る」ことはふつうのことのように思えます。でも「見る」ことにはすごく複雑な仕組みがある。そのことを思い知らせてくれるのが「デッサン」なのです。このことを文章構造に即していえば、

〈例〉ワイングラスを描くことのむずかしさ
＝
〈まとめ〉視覚的な認識は複雑である

ということになります。ではどういうふうに「視覚」は「複雑」なのでしょう？　それをカメラとの対比でいえばつぎのようになります。

○「見る」こと…能動的、身体的「知覚（判断）」
⇔
●カメラ…受動的、自動的「記録」

見るという行為は「知覚、判断、経験」が含まれる「総合的な行為」（L57）なのです。私たちは日常的にスゴイことをしているのです。

そして筆者はその「見る」行為の複雑さを「信号」に即して説明します。見るときには私たちは二つの「信号」を受け取っている。もちろん一つは、外界から送られてくる信号＝「光」。でも「もうひとつの信号」（L61）がある。それは自分の身体の中から送られてくる、〈なにかを見ていると感じる信号〉です。この二つの「信号」がからまって、単に受動的に「見えている」だけじゃなくて、能動的に「見ていると感じ」ることができる。「瞼《まぶた》を閉じたとき」、「見ていると感じられない」のは、外界からの信号がないだけではなく、能動的な「感じ」を与える、私たちの内部からの信号が発信されていないからです。このことからも、「見る」ということが、ただカメラのように自動的に「見えている」ということとは違うことがわかるのです。

そして筆者が**L9**で示していた「かたちを認識すること」という問題文のテーマに、「見る」ことが関連していることは明らかです。「見る」ことは「判断」であり、「認識」だからです。すると「見る」ことの仕組みを示すことで、筆者は「かたちを認識すること」の複雑さを明らかにしていたことになります。こうした問題文全体のつながりを読み解けるようになりましょう。

テーマ　近代芸術と視覚

近代は**主客二元論**的世界観をもとに、主体が客体を観察・分析することを重視しました。それは科学的なシステムであり、これが芸術にも影響し、たとえば絵画も、ありのままに観察したとおりに描くという**リアリズム**が近代芸術の主流です。なおかつ〈観察〉は視覚がベースです。それに英語の「see」が示すように、そしてこの問題文でもいわれていたように、視覚は「知」や認識を含んでいます。それゆえ理知を重んじる近代の合理主義の傾向とも合致し、視覚は人間の五感の中で最上位に位置づけられ、**近代は視覚を重視する**傾向にあります。現代もまた、その延長上にあり、視覚を重視していますね。

ひとこと要約

見るということは、非常に複雑な認識活動である。

200字要約

満点30点

[a]画家の意志を超えたものが表現される創造の[b]根源には、対象の中に隠されているなにかを「見る」という人間の神経システムの営みがあるが、[c]デッサンを描いてみると、わたしたちはモノを「見る」ことが[d]カメラなどとは異なる、非常に複雑な認識行為であり、[e]知覚、判断、経験を含む能動的な身体性をもつことを知る。そこには[f]外部からの信号だけでなく、「見ていると感じる」という身体内部からの信号も介在しているのである。(195字)

＊a…アレシンスキーにのみ限定して書いているものは3点。
＊c…「デッサン」の経験と関連づけて書いていないものは2点減。
＊e…「知覚」、「判断」、「経験」の一つが欠けるにつき、2点減。
＊f…「外部からの信号だけでなく」がないものは1点減。
＊f…「見ていると感じる」がないものは2点減。

a・c…5点／b・e…6点／d・f…4点

設問LECTURE

(一) 漢字問題（書き取り）

1「回顧」は〈過去を振り返ること〉ですが、〈昔を懐かしむ〉という意味の「懐古」と紛らわしいですね。過去の仕事やある人物のした仕事を振り返って展示する展覧会を「回顧展」といいますが、このときには「懐古」は使いません。3も「奇跡」と書きたくなりますが、「デッサン」が主語であり、それが旅人の描いた「キセキ」だという文脈です。だから〈行いの跡〉という意味の「軌跡」がいい。

解答 ムズ 1 回顧　2 昆虫　3 軌跡　4 伴侶　5 輪郭

(二) 空欄補充問題

梅POINT 組み合わせタイプの空欄補充問題は、決めやすいところから決めていって、選択肢を絞っていくべし。

たとえばこの設問ではaは決めにくいので、あと回しにするといいでしょう。

では先にbを考えましょう。bは「自分の眼という特殊な器官を使いながら『（b）』ことができる」というのですが、このことと対比される形で、bのあとに、「瞼を閉じたとき、『見ているとは感じられない』」とあります。だから、

・眼を使っている＝瞼を開いている→（b）
⇔
・「瞼を閉じた」→「見ているとは感じられない」

という対比関係から、**（b）には「見ていると感じられる」、ということが入ればよい**。すると解答は1と3に絞られてきます。

つぎにcを見ると、「『（c）』という行為」と似た「見るという行為」という表現が直後にあります。二つの文は「その意味で」という語句でつながっているので、関係があると考えていいでしょう。またこの段落冒頭（L58）にも同じ表現があります。するとこの段落は同じ「見る」という行為について述べていると考えられるので、cには「ものを見る」を入れればいいでしょう。ここで**解答が3に決まります**。

1 チョイマヨ のc「見ている」が示す、現在進行形のようなニュアンスは必要ありません。

またaは直後の「見えている」に対応させて、3のように「見ている」を入れるのが文脈的にも妥当です。

解答 3

(三) 傍線部の理由説明問題

理由を問われているのですから、傍線部A直後の「なぜなら」に着目しましょう。そこに、「面白い」理由は「何かが隠れているからだ」と述べられています。そしてこれと類似した「隠されている何かを見つけてゆくこと」(L34)という表現があり、それが「旅」、「創造」とイイカエられています。そこをつなぐと、「面白い」理由は、**〈「創造」性があるから〉**ということになります。**このことに触れている選択肢は4だけです。**「最初は画家から逃げていた線」という表現はL4などと対応しますし、「次第にあるかたちをとってきて……新しいイメージが次々に生まれ」という部分も、「線」が「目に見えるようになったときには……別の何かに変わってしまう」(L6)や「別の世界へ逃げ出している」(L6)などと一致します。

ほかの選択肢は、「創造」というポイントを押さえていないので、4には勝てませんが、ほかにもキズがあります。

1は「いつまでも画家を避けるかのように」が問題文にナシ。2は「思い通りに変化する」がまったく傍線部と逆。傍線部は思い通りにならないことが面白いといっているのです。3の「思いのままに描かれる」も2同様、逆。5は傍線部直後に書いてあることと一致するようですが、実は大きな違いがあります。傍線部直後は画家に関係なく「何かが隠れている」といっているのに対し、5は「何かを設定し」というように、画家の意志が働いて作られていく内容になってます。するとこれも傍線部と逆の内容になります。また「立体的に描いたりできる」という内容も問題文に書かれていないことです。

解答 4

(四) 傍線部の内容説明問題

傍線部Bの「視覚的な認識の複雑さ」は、「デッサン」を通じて「知る」ことができるものです。L53にも

「デッサンを通して、わたしたちは見るという活動の能動性を思い知らされ、さらには観察という行為の身体性を知る」とあります。どちらも「デッサン」によってわかることですから、「視覚的な認識の複雑さ」と、「見るという活動の能動性」・「観察という行為の身体性」はほぼイコールと考えていいでしょう。

また「観察」は「能動的」で「身体を通して行われ、知覚、判断、経験が含まれる総合的な行為」（L57）だと書かれています。なので、

> 「視覚的な認識の複雑さ」
> ≒見ることの能動性
> ≒観察という行為の身体性
> ≒知覚、判断、経験が含まれる総合的な行為

ということになります。

すると**正解は1になります**。「デッサンは手軽な行為ではある」という部分は、傍線部の「身近」をイイカエたものです。「デッサン」が「高い技術」を必要とすることは*L* 41～*L* 47から読みとることができます。

梅 POINT 傍線部内容説明問題では、傍線部と対応した直訳型の選択肢を選ぶべし。

2は「技術の不完全さ」のことしか説明してなくて、先の内容を含んでません。3は「認識自体が不確実」という部分がおかしい。これでは人間の認識を否定的に見ていることになる。でも筆者は傍線部で「認識」は「複雑」だと述べているだけです。それに問題文全体を見ても、決して「認識」を否定的に扱ってはいません。むしろその謎に奥深さを感じていると読むのが妥当です。

4は「モノを見ないで描く」ことと「モノを見て描く」ことを比べていますが、こうした比較は問題文にはナシ。問題文では「モノを描かないで見る」ことと、「デッサンしながら見る」（L47）が比較されているのです。

5は「画家の描写の能力によって対象への認識の度合いも大きく違う」という部分が傍線部に関係のない内容。

解答 1

(五) 内容合致問題

1…エルンストとアレシンスキーは並列されて登場しますが、エルンストが「アレシンスキーの言葉に刺激を受け」たから、「技法」や「作品」を生み出したという因果関係は、問題文に書かれていません。内容合致問題のときの因果関係は要注意でした。

2 チョイマヨ…前半はL16以降と対応していることはわかるでしょう。後半の「形態の変化に伴い新たな認識が生まれる」というのは、「ここ（＝『形態が変化してゆくような表象の構築』）には……新しい認識のカテゴリーの創出がある」（L14）と合致しているといえます（「表層の構築」とは「作品」が作られることだと考えられます）。これはエルンストについていわれていることだけど、ミショーはそのエルンストと並列されて登場し、「ミショーの作品も、認識という角度から見ることが可能だろう」（L17）と書かれているので、「新しい認識」というテーマはミショーにも当てはまると考えられる。なので**2が正解**。

3…「ヴァレリー」が「ワイングラスのデッサンの難しさを踏まえ」て発言したということは問題文にナシ。

4…「人間が視覚を獲得する初期段階」ということ自体が話題として登場しませんし、モノが「他の人間」と同じように見えるものだという内容も問題文にナシ。

5…「神経システムは永遠に進化し続けており」が問題文にナシです。また筆者は「進化」しているから「創造」だと述べているわけではありません。「隠されている何かを見つけ」るから「創造」（L33）なのです。

ムズ　**解答　2**

(六) 傍線部の内容説明問題（記述）

傍線部は「デッサン」を「目的地のはっきりしない旅」に喩《たと》えています。だからこの設問は比喩説明、ということになります。

梅POINT　比喩説明は内容説明問題の変形バージョン。同じルールで解くべし。

内容説明問題と同じように解くということは、傍線部と対応する内容をまずは問題文に探すということです。すると「目的地のはっきりしない」というのは、「デッサン」に関していえば、画家が自分の目指すところが見えない、ということです。だから〈**A　自分の意志とは異なったものになること**〉だと考えることができます。

また「旅」は**「創造」**（**B**　*L* **33**）**であり、「隠されている何かを見つけてゆくこと」**（**C**　*L* **34**）です。これら三つのポイントをコンパクトにしてつなげる。**C**が「創造」（**B**）の説明になるので、**C—B**というつながりをつくるといいでしょう。

解答例の「未知のもの」とは「隠されている何か」のことです。

同志社は問題文が長い上に、記述問題が出されるので訓練が必要です。

ムズ　解答例　**デッサンは画家の意志を逸脱し対象に未知のものを発見していく創造行為だということ。**（40字）

デッサンは画家の意志を逸脱し[a] 対象に未知のものを発見していく[b] 創造行為だということ[c]。

＊b…「隠されている何かを見つけてゆくこと」も可。

※「デッサン」という主語はなくてもよい。

a・b…4点／c…2点

9
評論

『死を超えるもの』

関西学院大学

別冊（問題） p.72

解答

問一		問二		問三		問四	問五	問六	問七	問八	問九
ⓐ	ロ	ⓧ	ニ	甲	ロ	ホ	ロ	ニ	ホ	ハ	ロ
ⓑ	ニ	ⓨ	ホ	乙	ニ						
ⓒ	ホ										
ⓓ	ホ										
2点×4		2点×2		2点×2		6点	6点	4点	6点	6点	6点

ムズ
問一ⓐ、問三乙、問五
問六、問七、問九

合格点 34点

／50点

問題文LECTURE

語句ごくごっくん

L1 分節する＝分節化…一連のものを区切ること

L6 円環…まるい輪。まるくつながっているもの

L9 悠久…長く久しいこと。果てしなく長く続くこと。
永久

L18 希（稀）少…まれなこと

L19 歴史的…p.16 語句「歴史的」参照

L21 恒常性…定まっていて変わらないさま

L24 歴然…はっきりしているさま

L27 営々と…しきりに。せっせと

L34 尊大…偉そうなこと

L36 玉虫色…いろいろに受け取られる曖昧な表現

L40 翻弄…もてあそぶこと

L41 おこがましい…①ばかげていてみっともないさま
②なまいきなさま。ここでは②の意味

L45 主体…p.26 語句「主体的」参照

L76 超～…①すごい ②「～」をはみ出し、別物になる。
ここでは①の意味

読解のポイント

・人間は「自然」から離れて「世界」を生み出した
↓
・その「世界」を人間が破壊する
↓
・その根本は自然に戻ることのないゴミの存在である
↓
・原発問題もこのゴミ問題が核心である

問題文は、傍線部④のある第9段落までで、人間と「自然」、人間と「世界」との関係を述べています。そのあとの第10段落からは「破壊」という語が何度も使われていくので、世界の「破壊」という話題へ転換したことがわかります。それを見極めて問題文を二つの意味のブロックに分けられるとナイスでした。

I 人間と「自然」、人間と「世界」（冒頭～L42）

「ヒト」というカタカナ書きは、人間が生物であることを示そうとしているからです。生物としての「ヒト」は自然のリズムと同じように、生老病死という、めぐりめぐる「円環」の中にいます。だから「自然」の一員。でも文化や文明をもった人間は「自然にただおとなしく従属」していません。家や寺院など、「自然の風化に逆らって存続する」物を作ります。これらは自然のように一定の「循環」のプロセスやリズムに合わせて消えていくのではなく、自然のリズムを超えて残っていきます。こうした物の集まりが私たちの「居住空間」＝「世界」です。だから「恒常性と持続性」（L21）をもつのです。

「世界」は人間が作ったものです。

もちろん「自然」と「世界」では、「自然」が勝ちます。いくら人間が道具などを使い、「暴力」で「自然」に挑戦しても、〈つぎにはこうなる〉という「自然」の「必然性」にはかないません。「自然」がなにも食べ物をくれなければ、人間の作った「世界」は終わります。自然災害も「世界」を破壊します。そのことを人間は「記憶」にきざんでいるのですが、時が経つにつれて「忘却」してしまいます。人間に勝ち目はないのです。

　このように人間は、「自然」と「世界」の両方にまたがって生きています。でも「世界」は人間が作り出したのですから、「世界」は「人間的」です。この「世界」を守らなければ人間は生きていけません。だから、よく「自然を守ろう」なんていいますが、ほんとは「世界を守ろう」というのが正しいのです。だって「自然」は人間の助けなんか要りませんが、「世界」は人間が守らないと滅びるからです。「環境」という曖昧な言葉がありますが、これも「自然」という意味ではなく、〈人間の身の回りの世界〉という意味です。だから守るべきなのは「自然環境」ではなく、「環境世界」だというべきです。

Ⅱ 人間の生み出すゴミによる「世界破壊」（L43〜ラスト）

　その「世界」が今「危機」を迎えています。「世界破壊」です。世界を破壊する「主体」は二つあります。一つは「自然」です。自然のリズムに合わせて、人間の作ったものは古くなり、崩れていきます。

　そしてもう一つ、「世界破壊」の「主体」は人間です。でも「世界」は人間が作ったのです。それを自分で破壊してしまうというのはどういうことでしょう？

　人間の作る物は「自然」によっても壊されていきます。でも人間は自分でも壊すのです。壊れる物を作るのです。そしてまた新しい物を作る。そうした〈作る→壊す→作る〉というサイクルの中から「利潤」が生まれ、雇用も安定するし、もうかるからです。それに「使い捨て」のほうがラクだし「安価」だし。それが〈消費社会〉です。

　この〈作る→壊す→作る〉というサイクルは、「自然」の〈生まれる→滅びる→生まれる〉という循環＝永遠に回帰する「新陳代謝」（L54）、に似ています。それはやはり人間が「自然」の一員だからだし、「人間の世界にはもともと自然が入り込んでいる」（L62）からです。「内なる自然」（L61）ということばは、ふつう〈人間の中にある本能や本能的な欲求〉などのことをいいますが、ここでは、人間の作った「世界」の「内」に「自然」が入り込んでいる、ということを指しています。

「人間」が「自然」の一員であり、「人間」が「世界」

の「内」で生きているのですから、当たり前ですね。でもやはり「世界」のサイクルは、「自然」のサイクルとは違う。まだ使える、まだ「維持」できる物さえ捨てて、人間は「次々に新しくする」(L66)。

するとどうなるか？「ゴミ」が増えます。そのうえ、その「ゴミ」は自然のもつ「持久性」をはるかに超えて存在し続ける。「アルミ缶やペットボトル」はしぶとい。「そういう邪魔物に世界は覆い尽くされつつある」(L74)。

でもアルミニウムももとはといえば自然の中にあったものです。だから「世界」を壊している「ゴミ」は、単純に「人間」が作り出した物ではなく、「人間」が「自然」の中から探り当て加工したものなのです。だから「世界が世界によって壊される」(L77)といういいかたは必ずしも正確ではない。「ゴミ」を作り出すプロセスが、「自然」の循環と似ていたように、「ゴミ」は半分「自然」とも似ている。でも当然「人間」が作り出したから、本当の「自然」ではない。また「ゴミ」は「世界」の産物でありながら、人間に役立つ「世界」とは違う。だから「ゴミ」は「半自然的で半世界的なもの」ということになる。もちろんそれを作り出したのは人間ですから、人間が「自然的」であったものを、自然の循環システムにそぐわない「不自然」なものにしたのです。そしてそれが「世界」を壊す「反世界的」なものとなり、人間の「世界」を内側から壊していきます。そしてこの「超(＝すごい)ゴミ問題」が、使用済み核燃料＝「核のゴミ」、をどこにもっていけばいいのかわからない「原発」最大のテーマでもあるのです。

テーマ　自然破壊と主客二元論

主客二元論は、主体である理性をもった人間が、対象＝客体と距離を置いてそれらを観察し分析する、という構図でしたね。そしてこの対象となるものは、まずは〈自然現象〉です。もともと**主客二元論**は自然科学の方法だったからです。すると当然ですが、〈人間〉と〈自然〉は次元の違う別のものだということになります。そして神から理性をもらったということになっている人間(キリスト教を信じる人々)は、理性をもつゆえにエライわけですから、〈人間〉が〈自然〉の上に立ち、劣った〈自然〉を自分の支配下に置こうとします。〈人間〉の文明の歴史は、いかに〈自然〉を支配するかという歴史だったといってもいいでしょう。そこから〈自然〉破壊が生じます。ですから現代のわけのわからない天気の変化も、もとをたどれば**主客二元論**（**物心二元論**ともいいます）に行き着く、といってもいいわけです。なので現代では**二元論**的な考えかたが批判され、〈人間〉と〈自然〉との調和、が提唱されるということになっているわけです。

ひとこと要約

現代人は自ら作った世界を破壊している。

200字要約

満点30点

[a]ヒトは「自然」の一員であるが、[b]自然とは異なる恒常性をもつ物の総体である「世界」をつくった。そして今[c]「世界」は破壊されようとしている。それは[d]「自然」によるだけではなく、人間自体によっても行われている。[e]世界を維持するために人間が作った物が[f]消費されたあと、自然に戻るという循環が成立せず、[g]反自然的なゴミと化し[h]世界に対しても反世界的な物になっているからである。[i]このゴミ問題の核心をなすのが原発問題なのである。（200字）

＊b…「自然とは異なる」…3点＋「物の総体」…3点。単に「世界をつくった」は不可。
＊b…「恒常性」は「持続性」でもよい。
＊f…ゴミが残り続けるという内容があればよい。
＊g・h…「ゴミは半自然的で半世界的なもの」は説明不十分。「半自然的で」でg1点、「半世界的な物」でh1点。
a・c〜i…3点／b…6点

■■■■ 設問LECTURE ■■■■

問一　漢字問題（マーク型）

ⓐ慈しむ（＝愛する。かわいがる。大切にする）　イ抱負（＝心の中に抱きもっている計画や決意）　**ロ慈雨**（＝ものを育てるめぐみの雨）　ハ慰労　ニ懐疑　ホ尊厳

ⓑ逐語的（＝原文の一語一語に即して、忠実に解釈・翻訳するさま）　イ竹馬《ちくば》の友（＝幼なじみ）　ロ蘊蓄《うんちく》（＝知識を深く積み貯えてあること。また、その知識）　ハ構築　**ニ放逐**（＝追い払うこと）　ホ人畜

ⓒ景勝地（＝景色の優れていること。また、その土地）　イ賞味　ロ奨学　ハ巨匠　ニ称号　**ホ殊勝**（＝けなげなさま。感心なさま）

ⓓ堅牢（＝かたくてじょうぶなこと）　イ険悪　ロ権《けん》謀術数《ぼうじゅっすう》（＝目的のためには手段を選ばないこと）　ハ双肩（＝左右両方の肩。責任・任務を負う存在のたとえ）　ニ圏内　**ホ堅持**

解答　ムズ　ⓐ**ロ**　ⓑ**ニ**　ⓒ**ホ**　ⓓ**ホ**

問二　漢字問題（読み）

ⓨ「疎《うと》んじられ」は〈遠ざけられ〉という意味です。

解答　ⓧ**ニ**　ⓨ**ホ**

問三　空欄補充問題

甲は直後の「替えられ」につながるように、〈付けかえる・取りかえる〉という意味の「すげ替えられ」という言葉を作ります。

乙もやはり直後の「から」が決め手。「作られる」と〈すぐに〉ゴミになる、という内容になれば、「空しい」というあとの語にもつながります。なので〈すぐに〉という意味をもつ「そば」を入れます。〈教えるそばから忘れる〉とか使います。でもこの設問、「同じ符号を二回用いてもよい」って設問文に書いてありますよ。こういうときはふつう二回使うもんなんだけど使わない。なのに、何で？　受験生は迷うよね。

解答　甲**ロ**　ムズ　乙**ニ**

問四　傍線部の内容説明問題

傍線部①の「分節される」は〈区分け〉です。すると傍線部は〈人間のあり方から、「自然」と「世界」がひとりでに区分けされる〉という意味になります。これを、傍線部に続く内容と関連させて考えてみましょう。

「人間」は「自然」の「一員」（L12）です。一方「世

界」は「人間によって生み出され」（L20）ました。だから「自然」も「世界」も「人間」に関係があります。でも「自然と世界とをこのように区別した」（L24）とあるように、二つは「区別」＝「分節」されているのです。すると傍線部は、**〈「自然」も「世界」も人間のあり方から生じたものだが、違うものとしてひとりでに区分けされる〉**という意味だといえます。〈ひとりでに〉という表現は傍線部の「おのずと」のイイカエです。

この内容に最も近いのはホです。ホの「生命原理に基づいている」という部分は、第2段落の「生命という原理」という表現を使って、「人間」が「自然」に属することを説明している部分です。また「『自然』に対抗する時に作り上げる産物」という部分は、「自然に逆らって、人間ならではのものを生み出し」（L13）という表現に基づいて「世界」を説明しているのです。「分節」の〈区分け〉のニュアンスは「〜一方、〜」という〈対比〉的な表現で表してます。「どういうことか」と問う傍線部の内容説明では、**傍線部の表現のニュアンスを出している選択肢を選ぶという基準**を守ってください。

イは、「自らのあり方を自ら決めることができる」という説明が問題文にないし、イの説明だと、「人間」と「自然」・「世界」が「分節」する、ということになり、傍線部の内容と×です。**ロ**も「人間」VS「自然」・「世界」になっていて×です、ハの「自然を整備することで」できた「田畑」などは「環境」（L39）であって、傍線部でいっている生き物の世界である「自然」のこととズレています。**ニ**は「同一の対象」が「自然」にも「世界」にもなるという説明が問題文にないし、これでは、二つのものが〈区分け〉されるという「分節」と×。

解答 ホ

問五　傍線部の内容説明問題

傍線部②は短くすると、〈世界性が人間の条件だ〉となります。つまり「世界」の性質を説明しているのです。その「世界」の性質が「どっしりと存在し長期間持ちこたえる」ということです。これは傍線部直前の「恒常性と持続性」のことですね。こうした持続する「世界」を人間は作り出し、その中に「住み続ける」（L23）から、**持続する「世界」こそが人間が安心して生きていく条件（＝必要なことがら）**だ、というのが傍線部のいおうとしていることです。

なので**正解はロ**。「耐久性」という語は「持続性」とほぼイコール。「人工物」は「世界」を成り立たせるものですが、その「総体」(L20)が「世界」ですから、「世界」そのものといっていい。また「依拠」は〈よりどころ〉。人間は「世界」を〈よりどころ〉にしてます。

イ チョイマヨ は、「人間」が「長く生きる」と説明してます。でも傍線部のメインは「長期間持ちこたえる」「世界」の性質です。だから傍線部とうまく対応してません。**ハ**も、「持続性」が「人間の特徴」だといっているのが、やはり傍線部と合致しない。**ニ**はまったく「世界」に触れていない。**ホ**は「物体」の「耐久性」が「人間」にも備わる、というわけのわからない話になってます。

ムズ **解答 ロ**

問六 空欄補充問題

空欄③のあとの文は、空欄③を含む文と**接続語ナシにつながっていますから、イイカエ・説明の関係になることが多い**、ということを考えると、空欄には「人間」が「自然」に勝てないという、「自然」と「人間」との関係についての説明が入ります。空欄とイコールになる「記憶と忘却」=「学習してもすぐ忘れてしまうこと」は、空欄の前とのつながりから、まずは「人間」のすることです。だから、空欄に「自然」に関することが入れば、「人間」と「自然」との関係が説明でき、あとの文とつながる。

そこで選択肢を見ると、「自然」に関することを説明しているのは**ニ・ホ**だけです。あとは入る根拠がない。では**ニ・ホ**どちらでしょう? **ホ**の「暴力的自然破壊」は、一見「自然」のことを述べているようですが、「自然」を「破壊」するのは「人間」です。だから**ホ**は「人間」のすることを述べています。それに「人間」が「自然」を「破壊」するというなら、「人間」の勝ちになり、空欄のあとの内容につながりません。なので**正解はニ**。

ですが、どうして**ニ**が入るのでしょう? **ニ**を入れると、実は「自然」も「記憶と忘却」を行うことになります。「自然」は「同じことを永遠に繰り返す」(L11)、「反復」という性格をもっています。自然も前にしたことを覚えていながら、それを忘れて「同じこと」を「反復」

9

する。そして「人間」も「自然」の一員で「自然」の性質を受けついでいるから、「学習してもすぐ忘れて」、「同じこと」を「繰り返す」。つまり「記憶と忘却」はもともと「自然」の性質で、その「自然」が「人間」と同じように「忘却」し、災害を繰り返す。「人間」の「出自（＝出どころ＝親）」は「自然」であり、「人間」はその性格を受けついだだけの子供です。だから、「自然」のすることに勝てるわけがない。空欄部分はそういうことをいっているのです。

何だか消去法で正解しちゃった、という人も多いと思いますが、こういう内容を確認しておいてください。

ムズ 解答 ニ

問七 傍線部の理由説明問題

傍線部④の直前にある「それゆえ」という因果関係を表す接続語に着目。すると傍線部の前に理由が書いてあるはず、とわかります。ただし直前の段落は「環境」について書いてあって、傍線部は、わざわざ「、」を打って「自然」と「世界」を対比して説明している。同じように「自然」と「世界」を対比して説明しているのは二つ前の段落なので、そこを見たほうがいいでしょう。それに*L*34には「『世界を守ろう』という勧めなら」人間らしいという、**傍線部と同じような内容があるので、そこに傍線部を移す**。するとそこには、「自然は世界を圧倒する」し、「自然は人間に守られなくてもビクともしない」と書かれています。「人間」に「勝ち目」（*L*29）がないくらい「人間」よりすごいのです。これに対し、「世界は人間がいなければ意味をなさない」し、「世界は人間によって守られなければ滅びる」と書かれています。また傍線部のあとの「自然から世界を守る」も確認してください。

すると**〈「自然」は人間を圧倒するくらいすごいもので、人間が守らなくても平気だが、人間が作った「世界」は、人間が自然の力から守ってやらなければ滅びるから〉→「『（環境）世界』を守ろう」（＝傍線部）〉**というつながりになる。

こうした内容と最も合致するのはホです。「人間」が「自然」を「統御（＝コントロール）」できないことは、「なすすべもない」（*L*27）と書かれているし、「勝ち目」はない、ということと対応します。「人間が作り出したもの」とは「世界」のこと。その「世界」を圧倒的な「自然」から「守ることしかできない」という末尾の表現は、「勝ち目」のない「人間」が「自然」に対してできることはこの程度だ、というニュアンスを示しています。これも問題文の内容からいって問題ないですね。少し正解が見えにくいので、そう思った人はすぐ消去法に切り換えましょう。

イは「まずは環境」から、みたいなことをいってますが、結局「自然環境保護を目指す」ということなので、今まで述べてきたことや筆者の立場と×です。「自然」は守られる必要はない。**ロ**の「田畑」は、「環境」(L39)です。傍線部で筆者が問題にしているのは、「自然」と「世界」の比較ですから、傍線部とズレてます。**ハ**は「環境世界と自然環境とは分離できない」という部分が問題文にナシ。**ニ**の「自然はすべて人間によって規整(＝規律を立てて物事を正しくととのえること)されている」という部分が、「人間」は「自然」に対して「なすすべ」も「勝ち目」もない、ということと×。

ムズ

解答 ホ

問八 傍線部の内容説明問題

傍線部⑤の「拡大再生産」というのは、〈物事がどんどん生み出され、それがどんどん量的に多くなっていくこと〉です。だから傍線部は〈破壊と製造の過程がどんどん生み出され、それがどんどん多くなっていくこと〉です。もちろんこの「破壊」は人間による「世界破壊」であり、その「破壊」は、物をどんどん作り、どんどん捨てていく、そしてまたどんどん作る→たくさんのゴミが生まれる、という空欄**甲**・**乙**の部分のことです。

すると**正解はハ**。「利益」の話は空欄**甲**・**乙**のあとで「利潤」(L57)について述べられていることと合致しています。「製造」は〈どんどん作る〉ということです。

イは「世界も自然の循環過程には勝てず破壊され」という部分が×。「世界」で作られるアルミ缶とかは、「抜群の反自然的持久性」(L69)をもつので「自然の循環過程に勝て」ないとはいえない。また「世界」を「破壊」するのは、傍線部の文脈では「自然」ではなく、「人間」です。**イ**は「自然」が「破壊」者になっていてダメ。

ロは「創作意欲を高める」という部分が×。「創作」なんていうと、まるでアートでも作ってるみたいですが、作っているのは「使い捨て」の「衣服や食器」(L54)です。ニは「無駄な物が減少」するというのが、「作られるそば(空欄乙)からゴミになってゆく」と×。ホは「『自然環境』が生産される」というのが問題文にナシ。

解答 ハ

問九 **傍線部の内容説明問題**

少しむずかしい文脈に傍線部⑥はあります。傍線部⑥直前の「これ」はなにを指しているでしょう? 指示語の内容を決めるのは、後ろでしたね。つまり傍線部です。傍線部は、「自然」が「世界」を「侵食」していく、という内容です。すると「これ」の指しているのは、傍線部の直前の「利潤」とか「雇用」の話ではないですね。「侵食」というのは〈おかしていくこと、損なうこと〉です。すると「自然」が「世界」を「侵食」していくというイメージがあるのは、「世界の恒常性は自然の新陳代謝に取って代わられる」(L54)という部分です。ここは、世界を築いている「物」はずっと長もちするはずだったのに、〈生まれる→滅びる→生まれる〉という「自然」のサイクル(=「新陳代謝」)が、「物」でできた「世界」に入りこんだ、ということですから、「侵食」というイメージです。

すると傍線部の「世界の只中に自然が懐深く入り込み」というのは、ずっと長もちするはずだった物でできた「世界」に、〈生まれる→滅びる→生まれる〉という「自然」のサイクルが入りこんで、〈(物を)作る→捨てる→作る〉という「自然」のサイクルに似た循環ができあがっているということ。使い捨ての消費社会です。

そしてたくさんの「ゴミ」が出て、「世界」は「破壊」される、というのが筆者の説明でしたし、このことが傍線部の「世界を侵食している」ということでもあります。すると傍線部は**〈もともと長もちするはずの物でできた「世界」に、自然のサイクルに似た使い捨ての循環構造が入りこみ、世界自体が損なわれる〉**ということをいっているのだとわかります(でも、そうした自然の循環のプロセスをも乗り越えてアルミ缶とかは半永久的に残ってしまうので、「反自然的持久性」をもつのですが、それはあとの話)。

この設問も指示語をたどり、傍線部の「侵食」のイメージのある部分を〈つなぐ〉ことで正解にたどり着けます。**今説明した内容に一番近いのはロ**。「耐久性」と「恒常性」はこの文章ではほとんどイコールです。ただしほんとは説明が不十分。冒頭の「耐久性をもつはずの人工物」が〈最後には「ゴミ」になって〉、「世界自体を打ち壊す」というふうに〈 〉の部分をおぎなわないとわかりづらい。**イ** チョイマヨ は、「ちり」とかの「自然現象」が「世界」を「破壊」すると説明している点がダメ。傍線部の「自然」は〈生まれる→滅びる→生まれる〉という「自然」のサイクルのことであり、「ちり」とかの「自然現象」ではない。また、「ちり」とかの『生ける自然』」とは「付き合うすべが開発され」(L64)ているので、「ちり」などでは「世界」は「破壊」されません。**ハ**は「自然界と運命を分かち合う」というのがおかしい。これだと「人工物」が「自然」と同じ道を一緒に歩むことになり、「侵食」されるのと食い違います。**ニ**は「美徳という自然なものによって飾られ」るという部分が問題文にナシ。**ホ** チョイマヨ のように「世界の破壊も結局は自然の内部で起こる」というと、「自然」のほうが「世界」を包んでいることになりますが、傍線部は「世界」の「中」に「自然」が「入り込」むといっているので、傍線部と一致してません。**傍線部の内容説明問題では傍線部と内容も表現も一致している選択肢を選ぶ**、ということを忘れずに。

関西学院は文章が長く、設問数も多いので体力も必要です。

ムズ

解答 **ロ**

10 評論

『死産される日本語・日本人』

早稲田大学　法学部

別冊（問題）　p.84

解答

問一	問二	問三	問四	問五
2	2	5	4	1
8点	8点	8点	8点	8点

問六　例えばカルト教団に属していた人間が、その経歴のために就職が困難になれば、それは信教の自由を定めた憲法に違反するという議論が生じる。このように憲法は、社会的な矛盾を顕在化させつつ、既存の常識の再検討を促し、多様な存在との関係を構築する可能性をもたらすということ。

10点

a　具体例の適切さ

α1…社会的に不利な立場に置かれている存在を挙げていること…2点

α2…それと憲法の条項が関連していること…2点

＊α1がなければα2は不可。

b　憲法の可能性の説明

β1…社会的な矛盾を顕在化させる…2点

＊「社会問題（意見）を作る」は説明不足で1点。

β2…既存の常識の再検討を促す…1点

＊「閉じた合理性に支配されない」「自己充足しない」は説明不足で不可。

β3…多様な存在との関係を構築する…3点

＊「少数派への注目」「均質化を防ぐ」は「共生」のニュアンスが不足しているので1点。

ムズ 問一、問二、問六α2、β1 大ムズ 問六β2

合格点 34点 ／50点

問題文LECTURE

語句ごくごっくん

L1 理念…ものごとがどうあるべきかということに関する考え

L3 顕在化…はっきりと姿をあらわすこと

L5 同一性…同じ性質をもつこと。それゆえに一体性をもつこと

L10 定式化…一定の方式として確立すること

L10 分節化…p.100 語句「分節する」参照。ここでは、区分けして見えなかったものを見えるようにする、生み出す、という意味

L14 体系…p.82 語句「体系」参照

L17 遂行…なしとげること

L19 客観的…p.48 語句「客観的」参照

L21 相対主義…①㊀絶対的なものなどないと考えること ②㊉いろいろな価値を認めていこうとする考えかた

＊相対…ほかと関係、比較されること⇔絶対

L29 投機…危険を冒しながら大きな利益をねらってする行為

L29 投企…自己を社会や未来に向けて投げ入れること

L32 歴史的…p.16 語句「歴史的」参照

L36 自民族中心主義…自分の民族こそ最も優れたものだという考えかた

L36 西洋中心主義…とくに近代の西洋や西洋文明こそ最も優れたものであるという考えかた

L38 合理性…p.48 語句「合理性」参照

L39 普遍的…p.48 語句「普遍的」参照

L41 帝国主義…軍事・経済などの面で、他国や他民族を征服して大国家を建設しようとする傾向→植民地主義

L43 享受…p.49 語句「享受」参照

L53 マイノリティ…社会的少数者⇔マジョリティ

L58 間主観的…ある思いや考えが、人々の間で共有されているさま

L62 逆説…p.26 語句「逆説」参照

読解のポイント

Ⅰ

・憲法は問題を提起し、論争を巻き起こすことに意味がある

↓

・不利な立場に置かれている人間は、新しい言語によって不正義を語る必要がある

↓

・だが、そうした営みは失敗することが多い

Ⅱ

・それでも憲法は不可能な問題を提起し、真の共存共栄をもとめていく

問題文は、第4段落（L36）から「自民族中心主義」や「西洋中心主義」といった、それまで出てこなかった話題に入っていきます。この第4段落を切れ目として、問題文を二つに分けていきましょう。

Ⅰ 憲法の意義と具体的な営み（冒頭〜L35）

私たちは「憲法」をほかの法律と同じように、私たちの権利を守り、社会を安定させるためにあると考えがちです。でも「憲法」は権力をもつ者の力を抑えこむためにあるといわれます。たとえば「表現の自由」を肯定する「憲法」は、権力者が「表現の自由」を制限し権力者にとって不利になる表現や報道を抑えこむ、という行為を権力者にさせないためにあるのです。

でも残念ながら、そうした「自由」は現実にはきちんと守られていない。完全な「自由」など、もともと「実現不可能な理念」（L1）だからです。ですが「憲法」はそうした「理念」を掲げることで、「どうしてこの『自由』が守られていないんだ!?」という「議論」を引き起こすためにあると、筆者は考えています。

つまり憲法の役割は「社会問題」を「創出」（L4）することにあるのです。そして国民が一つになって「同一性」（L5）を成り立たせるのは、そうした社会問題の作成に関与するという決意が示されたときです。

たとえば憲法は「国民の基本的人権を保障」しますが、「基本的人権」が守られていないという事態は社会

の中に多く見られます。すると「憲法」の規定を用いて、「基本的人権」を侵すような「社会的な不正、抑圧を問題化することができるようになる」（L8）のです。そこでは「不正義」を「論争として定式化し、「分節化」する。あらたな問題が浮かび上がれば、今までその問題を論じてこなかった「論争の制度的枠組みと論争が用いる言語の限界も明確」（L10）になります。つまり新しく提起された問題は、今までの言語では語れず、新しい概念などを作る必要があることがはっきりしてくるのです。

　こうして、抑圧されてきたと感じる者たちが、正義に反することがらを訴えるのですが、ほとんどの場合、その要求が認められることはないのです。それでも、憲法は、問題提起を続けるのです。

　ただし一つ確認しておかなければならないのは、「社会的に有利な立場と不利な立場が、あらかじめ客観的に」（L18）決まった形としてあるわけではない、ということです。「不利」、「特権」は「歴史（＝時間の流れ）」の中でも一定ではありません。だからといって正義と不正義は時代の流れの中で変わっていくという「相対主義的」（L21）なものでもない。正義と不正義は、誰かが、とくに「不利」な立場に置かれていると感じている者が、その「感じ」を公の場で「分節化」するという努力と実践を通して、明確にしていくものなのです。

〈問題を浮かび上がらせる〉＝「分節化」とは、単に抑圧する側の「虚偽意識（＝思考の誤り）」を「暴露」することではありません。また誰もが常に認めてきた既成の正義や不正義を意識させることでもない。つまり「客観的存在を意識化することではない」（L23）のです。なにが正義でなにが不正義であるかは、私たちが絶え間なく問題提起をしていく実践の中で浮かび上がるのであり、「不正義」を行った人間を責めたり、今までの「正義や不正義とはこうだったぞ」、ということを示したりすることには意味がないのです。

　そしてその「実践」が筆者のいう「仕事」（L27）です。不利な立場に置かれていると感じている者が、そのことを既成の常識に反する「新しい言語（＝既成の意味を取り払った言葉→特権を得ている側の内面の仕組みを壊すことができるような言葉）」で、社会的な不正義に関して問題を提起し続けること、新しい言語や価値を『つくる』仕事」（L30）をするのです。ですが筆者はこれも失敗してしまうことが多いだろう、と述べています。「だったらやっても意味ないじゃん」ということになりがちですが、筆者は、「憲法」は問題解決を目的とするものではなく、「問題提起」を行うものだということを強調したいのです。

Ⅱ 憲法における「仕事」と西洋中心主義批判などとの共通点（L36〜ラスト）

「仕事」は失敗に終わることが多い困難なものです。それと同じように困難なのが、「自民族中心主義」や「西洋中心主義」を批判することです。それらの対立の構図を具体的に示すと

〈上位〉		**〈下位〉**
・西洋（文明）	→	非西洋（野蛮）
・天皇	→	人民
・男性	→	女性
・マジョリティ	→	マイノリティ

となります。そして〈下位〉に位置づけられた「不利」な立場の人たちが、〈上位〉の者に対して「不正義」を「分節化」して示します。でも「自民族中心主義」や「西洋中心主義」が「合理性」をもっている＝理にかなっている、と考える者にとっては、なにをいっているんだかわからないことばに聞こえます。そして自分たち文明人は、「野蛮に対して文明の恩恵をもたらし、野蛮人を人間らしくして」（L40）やるのだ思っているのです。これが「帝国主義的温情主義」（L41）です。支配者が支配されるものに恩情をかけているのだと。それなのになんで文句をいうのかわからない。

これは帝国主義的な「皇民化教育（＝人民は天皇のしもべであることを教え込む教育）」を行った戦前の日本はもちろん、戦後の日本にもある。こうした温情主義や自民族中心主義は、特権を得ている人間にとっては、「透明な（＝明確な、クリアーな）、どこにでも通用する（＝普遍的）常識」だと思われています。だから、「帝国主義的温情主義」が、支配される側にとっては「抑圧」だということを「定式化」しようとすれば、温情主義の側からの「多くの抵抗」（L45）が予想されます。

たとえば合州国では、歴史的に不利な立場にあった黒

人、女性、その他のマイノリティを擁護する政策に対して反発したり、「西洋中心的伝統に帰ろうという『西洋への回帰』」（L54）の動きを生じたりしています。

それでも憲法に基づく「仕事」の営みは継続されるべきだと筆者は考えています。たとえそれが「不可能」に見えようと、「仕事」を国家の規模で肯定すること、それこそが「憲法」自体の役割だと筆者は考えているのです。それは、今ある理屈（＝「合理性」）に基づいて、お互いの立場を理解してみなが簡単にわかりあい＝「社会構成員間の相互交換性と伝達の効率を高めてゆき」（L57）、多くの人たちが認める共通部分＝「間主観的な共約性」を増加させることではない。「憲法」は、逆に社会が秩序をもってまとまることができないような、解決不能な問題を投げかけ続けるのです。それが「社会編制に不可能性を導入する」（L59）ということの意味です。「均質」であること、みんな同じであることを目指し、異質なものを受け入れず、自分と、自分と似たものだけで納得している「閉じた合理性」を解体するために、「憲法」は、「社会問題を製造する装置」として働き続けるのです。そしてそうした「社会問題」を「創出」することで、異質な者同士が真に「共存共生することを可能にする制度」（L61）こそが「憲法」なのです。常識に反する「逆説的な表現」でいえば、〈社会というものが成り立つのはむずかしいということ（そんなに簡単にはいかないこと）を示すことに、「憲法」の価値がある〉、ということです。

テーマ〈法・制度〉

法は「制度」です。「制度」とは〈何の根拠もないのに、人々が自明なことと見なしているもの〉と定義することができます。たとえば家族制度、学校制度なども同様です。子供に私たちは「何歳?」って聞くより「何年生?」と聞くほうが多い気がします。それだけ「学校」という制度は当たり前のことになってしまっているのでしょう。でも不登校の子とかには「何年生?」という問いかけはツライ。制度はときに抑圧する力となります。そして法も力です。法の名の下で「死刑」という暴力も許される。法や制度のもつ恐さに私たちはもっと敏感であるべきなのかもしれません。

ひとこと要約

憲法は社会問題を作り出すものである。

200字要約

満点30点

[a]憲法の役割は社会問題を作り、[b]問題提起の機会を与えるところにある。そしてその際、[c]社会的に不利な立場に置かれていると感じた者が、[d]新しい言語で差別を不正義として社会に提示する仕事が必要になるが、[e]それだけで差別が解消されるわけではなく、[f]そうしたことへの反発さえ予想される。[g]それでも憲法は既存の理屈からいえば不可能なことを国家の規模で肯定し、[h]社会問題の創出を通じて人々の共存共生を可能にする制度なのである。

（198字）

＊a…「社会問題を分節化する」も可。
＊c…「仕事」の内容が明確に示されていることが必要。
＊c…「不正義として」がないものは1点減。
＊d…「新しい言語」は「常識に反する言語」も可。
＊g…「社会編成に不可能性を導入」のみはわかりづらいので2点。
＊h…「社会が不可能性であることに憲法の可能性が見いだされる」のみはわかりづらいので2点。
a〜d・g・h…4点／e・f…3点

設問LECTURE

問一 傍線部の内容説明問題

傍線部A「分節化」＝〈区分けすること〉は、なにとなにを区分けするのでしょう？　本来「不正義」であるはずのものがうやむやになっていて「不正義」として見なされていないという現状がある。そこであることがらを「不正義」だと主張することで、その「不正義」をほかと区別して浮かび上がらせ、際立たせる。それが「不正義を分節化する」という傍線部の意味です。このことは、傍線部Aの直前の「対立として表現」するという部分が、傍線部と「つまり」という接続語でイコールになっていることからもわかります。

さらに「分節化」ということばが出てくる部分を傍線部とつなぎましょう。

梅POINT　傍線部や傍線部前後にある語句と同様の語句があるところをつないで、傍線部の内容を考えるべし。

するとL17や「**分節化するためには……それまでの常識に反して新しい言語をつくらなければならない**」（a

L25）という箇所にたどり着きます。

するとaを「既存（＝常識）の社会体系（＝システム）の全体性から導き出される価値に照らして判断せず、論争の言語を通して」と表現している**2が正解**になります。「新しい言語」は不正義を訴える相手と争うための言語ですから、「論争」のための「言語」です。また傍線部が「論争」と関係のあることは、傍線部が傍線部直前の「論争として定式化する」ことと結びついていることからもいえることです。

1は「問題を分析」という表現が、「不正義を分節化する」ことと食い違います。また「社会の構成員全員に分かりやすいかたちで」話すことは、既存の言語や論理に乗ってしまうことになるため、L26と×です。「権利を保障するため」という理由も問題文に根拠があるとはいえません。3は、「別の正義を作り出す」という部分が問題文に書かれていることではありませんし、既成の言語や常識との戦いという点に触れてません。

4は「不利な立場に置かれた者に代わって」が×。不利な立場に立たされた人間の、代理の人間が「分節化」を行うというようなことは「社会的に不利な地位に置かれていると感じている者に問題提起をする機会を与える」（L12）と食い違います。

5 チョイマヨ は「つまり」でイコール関係になっている傍線部直前と似ているので選びがち。でも「社会をさまざまな集団間の論争の場とみなし」というような社会についての説明と「社会的な不正義を集団間の対立として表現」（L9）するということとは同じことではありません。前者は多様な集団を想定していますが、「不正義を分節化」する後者（問題文）では、不正義を認めない集団と不正義を認めよ、という集団との二者の対立です。「分節」という語自体がもともと、そういう二つに分けるという意味をもっているので、5の冒頭部分は「分節化」と一致しません。そして「告発（＝隠された不正や悪事をあばいて世の中や捜査機関に知らせること）」が行われるのかも断定できません。言語の問題について触れていない点も不十分です。

ムズ　**解答 2**

問二　傍線部の内容説明問題

傍線部Bの「にもかかわらず」という表現は、**〈不利な立場に置かれた人間が問題提起をしたとしても、それ**

10

が問題の解決あるいは解消を意味しない（a L11〜L13）が、それ「にもかかわらず」憲法は社会的に不利な立場に置かれた者に問題提起をする機会を与える、そして論争が始まる、という意味です。

　こうした内容を踏まえ、選択肢を見ていくと、**2の「憲法の……困難を伴うが」がaと対応します**。そして問題提起は論争を生じさせるのだし、「論争として定式化されれば、論争の制度的枠組みと論争が用いる言語の限界も明確化される」（L10）ことになります。2の「論争の継続を可能とし、事柄を可視的（＝目に見える形にする）にする」は、この部分を指していると考えられます。「事柄を可視的にする」というのは、「明確化」のイイカエです。「事柄」は「問題」自体や「論争の制度的枠組みと論争が用いる言語の限界」などを指していると考えればいいでしょう。「可視的にするために」という因果関係が正しいといえるか少し疑問ですが、ほかの選択肢の因果関係もアブナイし、それ以外の部分にも問題が多いので、これを正解とするしかありません。一番マシなものを選ぶという「柔軟」性を身につけてください。あまり根拠が見つからないときは、即消去法に切り替えることも忘れないでください。

　1は「憲法改正が実現されることも考えられるから」が問題文にナシ。それにやはり1も「そのために」という因果関係がおかしいです。3は「実際の問題解決は個々の領域における法律の運用にゆだねられている」、「憲法の条文を通してこそ社会的な不正義や抑圧を感じ取れるのだから」が問題文にナシ。4 チョイマヨ は「基本的人権」だけが、「問題提起の機会を与え」るかのように述べている点がおかしい。「基本的人権」はあくまでも「憲法」の一部分です。「憲法の条文」全体についてコメントしている傍線部と一致しません。また「異議を申し立てる権利は国民の基本的人権として認められており」という内容は、問題文に書かれていないことです。

　5は「感覚」が「明確さに欠けており」、「正当でないかぎりその要求を認めるべきではない」という部分が問題文に書かれていません。また「提起されれば容易に斥《しりぞ》けられないから」というような提起された側の態度も、問題文に書かれている「抵抗」（L45）や「反発」（L54）と一致しません。

ムズ

解答 2

問三　傍線部の内容説明問題

まず**接続語なしにつながる文同士はイイカエであることが多い**のですから、ここでも傍線部**C**を含む一文と直前の一文はイコールの内容となり、「仕事」とは、**〈a　不利な立場に置かれていると感じている者が、その感じを定式化するために、常識に反して新しい言語をつくること〉**だ、となります。

また傍線部と関わる「仕事」という語を傍線部とつなげると、「仕事」が「投機＝投企的」（L29）であることがわかります。これは、**〈b　リスクを冒しても行う〉**ということです。**a**と**b**をまとめると、「仕事」とは**〈社会的に不利な立場に置かれた者が、新しい言語によって不利な立場に置かれているという感じを定式化することにチャレンジすること〉**だとわかります。すると**正解は5**です。「感性的現実」とは、社会的に「不利な立場に置かれていると感じている」ことを指します。また「社会的に不利な立場に置かれているという感じはたんなる感じにすぎないとされ」（L31）や「不正義はたんなる感じであって」（L33）という記述に合わせて「感性的現実にすぎない」と表現しているのです。5の第2ブロックは**a**と合致し、「社会的……賭ける」は、L32＋**b**の「投機」のイイカエ、です。

1 **チョイマヨ** は5と似ていますが、「不利な地位に置かれた人びとの救済の可能性に賭ける」が、不公正感を感じている本人ではなく、第三者や「人びと」の代理人が「仕事」をしているように解釈できて、マズイです。傍線部の一文前を見ればわかるように、「仕事」はあくまで不公正感を感じている本人がするのです。

2は「社会の再構成」が問題文に書かれていない。

3は「客観的に……意識化する」が、「客観的存在を意識化することではない」（L23）と×。

4は「常識を回復する」が「新しい言語」の創出とズレますし、「社会的不公正を誰もが実感できるものに」するという点も問題文にナシです。

解答　5

問四　傍線部の内容説明問題

傍線部**D**の「これ」は、直前の「不正義を定式化する言説が生まれたからといって」、「不利な地位に置かれた人びとが救済され」るわけではないし、「差別は相変わらず残存している」ことを指しています。すると傍線部

10

は、そうした困難な現実が「自民族中心主義」や「西洋中心主義」を「批判」するときにも生じる、と述べているのです。事実「自民族中心主義的な言説は、そのなかに生き、特権を享受しつつある者にとって」（L42）は「普遍的妥当性」（L39）をもつものとして理解されています。そして、自民族中心主義を「普遍視してきた彼らの常識とその合理性を懐疑することを迫る」（L51）と、彼らは「反発」し、逆に自文化に「回帰」してしまうのです。

こうした傍線部Dを含む段落の内容と対応するのは、4です。「困難にぶつかる」という表現で「反発」や「回帰」をまとめてます。

1はまったく傍線部の前と傍線部のあとに書かれた「自民族中心主義」のありかたに触れておらず、それどころか、まるで「自民族中心主義」を擁護するかのような内容になっていて、筆者の立場と矛盾します。2 チョイマヨ も「一般に受け容れられている」が、「なかにいる者にとって」（L38）という限定とズレているし、「不成功に終わることは容易に想像される」とまではいえない。3も「それを内面化する者には誰にでも特権を与える合理的なものであって、多くの人びとがその歴史的妥当性を認めている」が問題文にナシだし、「自民族中心主義」擁護路線だから×。5は、失敗や困難な事態に出会うという点が書かれてないし、「一般には妥当性を有するものとして認識されており」が、2同様L38とズレ。

解答 4

問五 **傍線部の理由説明問題**

「西洋への回帰（＝自分が生まれ育った西洋という狭いところに再び閉じこもろうとすること）」が生じるプロセスはつぎのように整理することができます。

> **a** 西洋中心主義の中で生きてきた人々に対して、「西洋中心主義を分節化する『仕事』」（L49）が行われる
>
> **b** それまで西洋中心主義を普遍的だと思ってきた人々は、その常識と合理性を問われる
>
> ↓
>
> **c** それに対する「反発」として「西洋への回帰」が生じる

こうした流れをきちんと説明しているのは1です。「合州国」に限定して書いてあるのは、傍線部Eが「合州国」について説明している文脈にあるからです。また「マイノリティ（＝少数派）」は「西洋中心主義」を批判した側、「マジョリティ（＝多数派）」は西洋中心主義者を指します。「西洋への回帰」に向かう人々は「マイノリティを擁護する政策」に「反発」（L54）するのですから、「マジョリティ」です。「普遍的であると信じてきたもの」とは、「西洋中心主義」のことです。すると1の末尾は「西洋中心主義を回復しようとするため」となり、だから「西洋に回帰する」という傍線部とスムーズにつながります。

梅 POINT 理由説明問題では傍線部とスムーズにつながる選択肢を選ぶべし。

2は「合州国のマジョリティがみずからの合理性に問掛け」がまずおかしい。これでは反省したことになります。また「マイノリティを擁護しようとする」が逆。

3は「みずからの限界を感じた合州国のマジョリティ」が、4は「優位性の無根拠さを知った」が、5は「地域性を自覚せざるを得なくなった」が問題文にナシ。

解答 1

問六 内容説明問題（記述）

解答で示す具体例は、設問の要求や問題文に即したものでなければなりません。まず設問文から、筆者の考える「憲法」は、「『社会構成員間』の『伝達の効率』や『共約性』を『増加』させることに否定的」＝みんながナアナアでわかりあうようなことはダメ、であり、「『社会編制』に『不可能性を導入する』」＝みんなが違和感を覚えまとまらないような問題を投げかけるもののことだ、ということが設問の前提だということを理解しなければなりません。つまり、**異質で反社会的に思えるような問題を投げかけるのが憲法**だということです。

では、こうした設問文の意味を押さえたうえで、設問の求める例を考えましょう。その例は、一般の人が違和感を覚えるようなもの（a）でなければなりません。aは社会の良識からは否定されがちな存在（a1）に生じやすい。そしてそうした否定は、否定された当人にとっては、「憲法」から考えれば「不利な立場に置かれていると感じ」（L17）てしまう事態（α2）なのです。するとこれに対応する具体例は、異質なもの＝マイノリティなど（α1）に生じることがらであるべきですね。そしてその人にとって世の中の反応は、「憲法」に照らして不当に感じられる事態（α2）なのです。

つまりマイノリティ（α1）には「憲法」で保障されている「自由」などの権利があるのに、世の中から不当な扱いを受けるのは、「憲法」から考えればおかしい、と問題化できることがら（α2）を例として挙げればいいのです。マイノリティのありかたや彼らに対する社会的反応と、「憲法」の条文との間のギャップを具体的に示せればいい。

たとえば解答例のように「カルト教団（あやしげな新興宗教）」は〈マイノリティ〉ですが、憲法に「宗教、信仰の自由」が記されているのに変な目で見られるのは不当だ、ということになるので、α1・α2に合致します。あるいはひげを生やしているために就職の際に不利益を被《こうむ》ると、〈表現の自由〉が「憲法」で保障されているのに不当な扱いを受けたことになりますね。政治活動をしたために退学や会社を首になる、とかも〈思想の自由〉があるのだから不当です。同性愛の問題などもアリですが、性差の問題は問題文に出てくるので、「すでに本文中にあるものは挙げないこと」という設問条件で×になるかもしれないので、避けたほうが無難です。

そしてその上で、「憲法は……社会問題の創出を通じて人びとが共存共生することを可能にする」ということ（b）を説明しなければなりません。

まず「憲法」が「社会問題の創出」をするとはどういうことか？ 同じ表現がL4にあるのでそこを探ると、**〈β1 社会的な矛盾を顕在化させる〉**ことが「社会問題の創出」だといえます。「創出」の〈生み出す〉というニュアンスとはっきり現れる「顕在化」も合致します。

つぎに「共存共生することを可能にする」ということは、他者とともに生きる、ということですが、問題文に即していえば、不当な扱いを受けている存在とも真にともに生きること、ということになります。ですから、マイノリティなど**多様性や異質性をもつ人たちとともに生きる**（β3）というニュアンスを出せればナイスです。

そして、安易で表面的な交流ではなく、真の「共存共生」であるためには、*L*59の「自己充足して閉じた合理性に支配され……とらわれることを防ぐ」必要があります。「閉じ」てしまっては「共存共生」はできないからです。閉じないためには、「自己充足（＝自らのありかたに満足）」しないこと、つまり**自らの状況や思考に対する再検討を行う**（**β2**）ことが求められるでしょう。

この**β2**は筆者の考える「共存共生することを可能にする」条件であると同時に、「可能にする」という部分の中身ともいえるので、解答に含めておいたほうがよいでしょう。

解答の形は、解答例のように「例えば～。このように～。」という形にして、ここまでが〈例〉、ここからが〈どのようなことか、の説明〉、ということが、はっきりとわかるように書いたほうが、論理的ですっきりします。早稲田・法はむずかしいっ！　ガンバラネバダ！

大ムズ　解答例　**例えばカルト教団に属していた人間が、その経歴のために就職が困難になれば、それは信教の自由を定めた憲法に違反するという議論が生じる。このように憲法は、社会的な矛盾を顕在化させつつ、既存の常識の再検討を促し、多様な存在との関係を構築する可能性をもたらすということ。**（130字）

10

11
随筆

『加賀金沢・故郷を辞す』

南山大学

別冊(問題) p.94

解答

設問	解答	配点
A1	オ	4点
A2	ウ	4点×4
A3	イ	
A4	エ	
A5	ア	
A6	エ	6点
A7	ウ	6点
A8	ア	7点
A9	イ	5点
B1	a 冷淡　b 軽薄	2点×2
B2	いちべつ	2点

ムズ A1、A6、A7、A8、A9

合格点 33点

/50点

問題文LECTURE

語句ごくごっくん

L1 塩梅《あんばい》…ものごとのほどあい。加減。具合

L22 縷々《るる》…①細く絶えずに続くさま　②こまごまと述べるさま　ここでは②の意味

L24 破目…境遇。とくに困った状態を指す

L28 逗留《とうりゅう》…旅先でしばらくとどまること

L34 悒《いぶ》せくも…うっとうしくも

L44 偏屈…性質がかたより、ねじけていること

L47 文壇…作家・文芸批評家たちの世界

読解のポイント

Ⅰ 田舎に帰ってきて、旧友と会うがわずらわしい

↓

Ⅱ 自分の偏屈さを反省するようになった

ひとこと要約

故郷で過ごしている中で、自分の偏屈さに気づいた。

問題文は、自分の「偏屈」さを反省するという、気持ちの変化が現れる最終段落と、それまでの部分とに分けることができます。問題文を二つに分けて見ていきます。

Ⅰ 旧友とのやりとりを通じて（冒頭〜L43）

筆者室生《むろう》犀星《さいせい》は一八八九年金沢に生まれた詩人、小説家です。幼いときに家族とうまくいかなかったりして、**故郷に対して複雑な思いを抱いています**。その故郷にもどってきて、筆者は自然の中で穏やかな一日を過ごしています。山々の景色にもしんみりとしたものを感じ、鮎のようすにもなにか人間に通じるものを感じたりします。

故郷での「秋」は二度目であり、「田舎にあいて（＝飽きて）しまった」（L15）のですが、もうしばらくいようと思っている筆者のところへ、旧友がたずねてきます。ですが、筆者は旧友の話を「人事《ひとごと》のようにきき流」（L19）してしまっている自分に気づきます。一緒に食事などすることになったときは、なおさら「不幸」（L24）になった気がするのです。

やはり故郷というものはひっそりやってきて、こっそり帰っていくのがいい場所だと、筆者は思います。「古い人情のこだわり」（L29）が自分の心をくすませるような気がし、旧友たちの話が自分に「一しょに手を拍《う》たねばなら」（L36）ない（＝話を合わせなければならない）ように「強い」てくる気がして、イヤになってしまうのです。

Ⅱ 自分の「偏屈」を反省する筆者（L44〜ラスト）

そんな人嫌いの筆者でしたが、「国（＝田舎）」に帰ってみて、自分が「偏屈」であることに気がつき始めました。そして「偏屈」であることを意識しなければならないことが「美しくない」（傍線部③）気がしてきたのです。「文壇」とも関わりをもたなかったことも無意味だったと思い始めます。それは「退屈な、むかしばなしの友だちよりどれだけ増しだろう」（L49）と思ったからだというのです。これでは「偏屈」を反省しているとはいえないですが、それでも「孤独」を意識しすぎて人との交わりを避けすぎたことを「きまりわるい」（L54）ことをしたと反省するのです。

そしてすぐにわかる「見え透いた」言動は、「一番」嫌いなものであったはずなのに、自らが「見え透いた」

「へんくつ」や「孤独」を示していたのではないかと思った筆者は、自らの今までのありかたに「不賛成」を表明するのです。

テーマ　エッセイについて

随筆（エッセイ）というのは、筆者個人が「私」など一人称で、自分の体験や思い、考えを書いたものです。そうした随筆にも、〈対比〉や〈イイカエ〉などの構造があります。だから、評論と同じように読むことが基本です。ただ違う点はつぎのようなことです。意識して読み、設問を解いてください。

1　評論のような論理ではなく、筆者の連想によっていくつかのエピソードが続く場合が多い↓どのような共通点でつながっているかを考える

2　文章全体で一つのテーマだけを語っていることが多い↓傍線部を傍線部とその前後の文脈だけで読まず、全体のテーマと傍線部とをリンクさせて設問を解く

3　比喩的な表現などが多く、設問でもそれを問われる↓比喩がなにを喩《たと》えているか、を傍線部前後の文脈と全体の内容から判断する

設問LECTURE

A1　空欄補充問題

Ⅰに入るのは「山肌に見え」るものです。そしてⅠの前後には、「山」の痩せた皺《しわ》や襞《ひだ》が「佗《わ》びしく」見えるようすが書かれています。「とげとげしさが沈んで見えた」というのも、Ⅰの前とのつながりから、「とげとげしさ」が目立たなくなった、という意味だと判断すべきです。すると筆者の前にある山は暗いようす、あるいは落ち着いたようすを見せていると判断できます。なので**オが正解**。比喩的ですが、山の暗さ、よくいえば落ち着いたようすが表現できます。

ムズ

解答　オ

A2　空欄補充問題

Ⅱのあとの「かれら」は「鮎」です。その鮎が産卵の時期を迎え、「尾の方から黄いろく」なっている。このあたりの鮎は「若々しく寂びていない（＝色つやや張りがある）」（L9）のだし、今まさに産卵しようとしているのですから、若い鮎のはずです。**ウ**を入れれば、そうしたようすを表すことができ、「尾」の色が変わるという見た目の変化も示すことができます。

解答　ウ

A3 **空欄補充問題**

Ⅲは「古い人情のこだわり」を喩えた表現が入ります。そして**L31**に「その柿のしぶ」という語句があり、この「その」が**Ⅲ**を受けていると考えられるので、**正解はイ**。

解答 **イ**

A4 **空欄補充問題**

Ⅳはすぐあとにあるように「曲りなりに固ま」るもの。なので**エが正解**。

解答 **エ**

A5 **空欄補充問題**

Ⅴは「孤独」や「へんくつ」が「見えてき」たようすを表しているのですが、「忌々《いまいま》しい古い日記をひっぺかすように」と**Ⅴ**直前にあることに注目してください。「ひっぺかす」というのは〈引きはがす〉というような意味です。それに「古い日記」なので、傷んでいたりなかなか思うようにページもめくれないかもしれません。だからこの比喩は、自分の「へんくつ」などを見るときになかなか簡単には見えなかったようすを表していると考えられます。すると「雲や霧」が立ちこめて、なかなか思うように見えなかった、という意味にすれば、**Ⅴ**の前の内容と合致するでしょう。だから**アが正解**。「過去」も「古い日記」と対応します。

解答 **ア**

A6 **傍線部の内容説明問題**

A2でも触れましたが、傍線部①の前の部分は鮎の話です。それを筆者は、「人情の中のもの」と「くらべながら思い出し」ているのです。つまり「鮎」が、人とダブる。すると産卵する鮎はもちろん生命の誕生の喜びを示すものです。また「荒い瀬なみを抜けきることのできなくなっている」というのは、人生の中での挫折感、「流れを下るだけで上ることのない」ものは、やはり挫折や、もはや流れに立ち向かうエネルギーを失った老いた状態への嘆きに通じるともいえます。

ですから「人情の中のもの」とは**人間が人生を生きる上で感じるさまざまな情**、という意味であると考えられます。なので**正解はエ**。**ウ** チョイマヨ の「起伏」は、テンションの高低を表す表現ですが、ここでは「情」の「起伏」が問題なのではなく、多様な「情」が鮎のように重なり合うようすを説明すればよいのです。だから「起

11

伏」は余計です。

ムズ　解答　エ

A7　傍線部の理由説明問題

傍線部②に「旧友が昔と変って人なつこそう」とあります。だから「旧友」は昔はあまり筆者に近づかなかった。なのに今は違う。それは「むかし対手《あいて》にしてくれなかった人々までが、いくらか表面だけらくに見えるわたしの暮《くら》しを訪ねてくる」（a　L32）と書かれていることから、余裕のあるように見える筆者の暮らしぶりに関係がある、とわかります。文学者として有名になったから近づいてくる、ということかもしれません。

このaを踏まえている選択肢がウです。でも、理由になっていないんじゃないか?と思った人もいるでしょう。それは正しい感覚ですが、**理由説明問題で傍線部をなぞっているだけのように見える選択肢を正解とすることもある**のです。それはやはりほかの選択肢よりマシだからです。アは「昔仲良くしていた」という部分が傍線部と×だし、イの「昔けんかした」は問題文にナシ。エ チョイマヨ はウ以上に傍線部を単にイイカエているだけで、aになにも触れていません。オも「私が話を聞きたくないと思っていることがわかっている」が、問題文にナシ。

梅POINT　傍線部問題は傍線部とのつながりを優先すべし。

という原則のほうを守ればいいのです。

ムズ　解答　ウ

A8　傍線部の内容説明問題

「少し美しくない気がし出した」のは、〈自分が偏屈だと感じて、その意識を強めること〉に対してです。

また傍線部③のあとの一文は、傍線部を含む一文と**接続語なしにつながっているので、イイカエの関係にある**と考えていいでしょう。つまり「へんくつ」であることは、「自分は孤独」だといったり、思ったりすることともつながっているのです。その証拠に「『孤独』や『へんくつ』」（L58）というふうに、並列されて書かれてます。

すると傍線部は**〈偏屈と感じてそうした意識を強くもったり、孤独だといったりするのは、かっこわるいと思い始めた〉**という意味になり、これに最も近い内容をもつ選択肢、**アが正解**です。

イ チョイマヨ は「自分」が実は「偏屈」じゃないんだ、と思うようになったという内容になるので、自分を「偏屈」な人間だと感じ始めている筆者のようすと×です。**ウ**は「偏屈でもよい」という部分が、「偏屈」を「美しくない」と思い始めていることと×。**エ**は「そこから抜け出せない」が問題文にナシ。 ムズ **解答 ア**

A9 空欄補充問題

Ⅵは、自分でもきらいな「見え透いた『孤独』や『へんくつ』」が見えてきて、その「根」に対して**Ⅵ**をした、という文脈。いやなもののその根っこに対しては、それを根こそぎにしてやろうと思うのがふつうでしょう。だから〈否定する〉という意味になる**イが正解**。

エ チョイマヨ 「危惧」は〈あやぶむ・心配する・不安に思う〉という意味ですが、「忌々しい」ものの根っこが「やっと」見えてきたのですし、その根があることはわかっていたから見つけようとしていたのでしょう。それなのにその根っこが見えてきたときに、単に〈あやぶむ〉とか、心配する・不安になるだけ、というのは筋が通らない。それに「一番……不愉快」、「忌々しい」「やっと……見えてきて」、という嫌悪感がつのるような、感情の高ぶった書きかたをしているのに、「危惧」という言葉は弱いです。こうしたところが随筆・エッセイのむずかしいところですが、書きかたや筆者の心情を考えながら解答していきましょう。 ムズ **解答 イ**

B1 漢字問題（書き取り）

解答 **a 冷淡**　**b 軽薄**

B2 漢字問題（読み）

「一瞥《いちべつ》」は〈ちらっと見ること〉です。 **解答 いちべつ**

12

随筆

『「あはれ」から「もののあはれ」へ』

早稲田大学　教育学部

別冊（問題）　p.102

解答

問一	問二	問三	問四	問五	問六	問七
甲 到来　乙 器	オ	ウ	ウ	ア	ウ	1 オ　2 黒い雨
2点×2	8点	7点	8点	8点	9点	3点×2

ムズ　問三

大ムズ　問七

合格点 35点

／50点

問題文LECTURE

語句ごくごっくん

L7 抽象…p.72　語句「抽象」参照

L8 具体…p.72　語句「具体的」参照

L8 帰納…個々の事実や経験から結論（法則）を導き出すこと

L9 敷衍《ふえん》…ほかのものにまで広げて説明すること

L10 客観的…p.48　語句「客観的」参照

L15 概念…p.16　語句「概念」参照

L20 羅列…つらねて並べること

L23 なおざり…いい加減にするさま

L24 胡坐《あぐら》をかく…自分ではなにもしないで、いい気な態度でいること

L25 杜撰《ずさん》…いい加減でミスが多いこと

L40 普遍…p.113　語句「普遍的」参照

L68 絶対…p.48　語句「絶対的」参照

読解のポイント

I

・評論…感動の根源を分析して論理的に把握したい欲望に基づくもの

⇔

・小説…感動の根源を分散し拡《ひろ》げて強調したい欲望に基づくもの

＝

両者の共通点…事物を「見る」ことが必要

II

・『西洋哲学史要』は絶対の叡智《えいち》などないと私に教え、文学に目覚めさせ、見ることの大切さをも感じさせた

問題文は*L* **50**の（中略）のところで、評論と小説に関する「文学」についてのテーマと、「文学」に目覚めた少女時代について語る第12段落以降とに大きく分かれます。ただし前半が長いので、三つの内容的なポイントを挙げて、前半を三つに分け、合計四ブロックとして見ていきます。

I—① 小説の「壁」（冒頭～*L*22）

筆者は「小説よりも先に評論を発表してい」ました。それは「私の自然」＝〈自分の中にある自然な欲求〉から生じたものだったのですが、そうした筆者の中に小説を書きたい「衝動」（*L*1）が沸き上がってきます。

筆者の中で「評論」と「小説」は各々「別の」表現として意識されていました。つまり「小説への衝動」は「評論」を否定するものではなく、「評論」とは「別の」表現としての「小説」を求めることだったのです。

でも実際に小説を書き始めてみると、筆者は「壁」に「突き当《あた》って」しまいます。「評論という形式に馴染《なじ》んでいたため、「事物」を「抽象的（＝「非具体的」）」に「処理」してしまう癖が身についていたからです。「なぜ感動したのか」と自分に問いかけ、「分析」して「帰納」して「言葉による明確な結論」を求めます。

12

でもこれは「評論」のやりかたです。「小説」を書くならば、「感動の拠《よ》り所」を自らのイメージや方法によって拡げて「強調」する、という欲望を満たさなければなりません。でも筆者の中には「小説」への欲望と「評論」への欲望とが「矛盾なく」存在しています。だから「小説」を書こうとするときにも、「評論」を求める気持ちが自然と沸き起こってくるのです。

これが「小説を書き始めてまず突き当った壁」（L7）です。もちろん「小説」を書くにも理性は必要です。でもその「理性」が背後ではなく表に表れて、「具体的な事物」を描写するのを妨げるようになると、「小説」から自然な「勢い」が失われ、具体性が損なわれるのです。すると「小説」としての、のびのびとして張りのある「弾力」も作品から奪われてしまうのです。

I―② 「小説」と「評論」に共通する「見る」こと（L23～L40）

「具象といい加減に馴《な》れ合った抽象に胡坐《あぐら》をかいている」（L24）という表現は、具体的現実に即して、事象や「事物」をしっかりと見たり聞いたりせずに、いい加減にただ抽象的に言葉を書き連ねたり考えたりすることを指しています。筆者はそうなることを避けるため、一生懸命、具体的事物に向かい合おうとするのです。

すると日頃の「物の見方」が、いかに「杜撰《ずさん》」であるかがわかってくるというのです。「小説を書く基礎」は、「事物を杜撰にではなく『見る』習慣、『見る』力だ」と筆者はいいます。たとえば何気ない、一つの茶碗《ちゃわん》でも、どのような線からできていて、見えない背後にはどのような線や形が隠れているか、そうした「事物」の構造を意識的に「見る」ことも、こうした「『見る』習慣、『見る』力」に該当することでしょう。そしてそれを言葉で表現する。だから「事物としての言葉遣い」（L41）という表現にも暗示されているように、「事物」という語には、〈言葉〉も含まれると考えられます。なので「見る」ことによって始まる「事物の選択と再構成」というのは、どのような具体的な事物や言葉を選び、どのように「小説」世界を築いていくか、ということを指しているのです。

このような「『見る』習慣」や「『見る』力」は「評論」でも必要です。テキスト（＝他人の作品）を読むことは、日常で「自分の環境の事物を見る」ことと変わらないことです。「読み」にも深浅の「段階」がありますが、それは「見る」際の「段階」に無限の深みがあることと、根本は一緒です。「テキストの読みの粗雑な評論（＝対象作品に対する見方の甘い評論）」は、「説得力」がなく、「声が高い（＝高慢で大げさ）」ものになります。

Ⅰ―③ テキストの読解で大切なもの（L41〜L50）

「テキスト」をよく「見る」こと、それは、自分はわかっているのだという過信を捨てて「テキスト」と「謙虚」に向き合うことでもあります。

ただしもう一つ「テキスト」を「分析」するときに「大切」なものがあります。それは、「ひらめきのような直観」（＝ A ）です。

「謙虚」というのは、主観や自分の意図をもとに「文章」を解釈するといった「目的」をもたずに、「文章」から与えられるイメージや意味を素直に受け入れる、ということです。

そしてそうした「無目的の場合」に「小さくても発見に類するようなこと」が生じやすい。この「小さくても発見に類するようなこと」が「直観」でしょう。すると「謙虚」な場合ほど、「直観」や「ひらめき」がもたらされることになるので、両者は「矛盾」しないのです。

だから「謙虚」に「無目的の状態で文章に集中すれば」、「ひらめきのように頭を過《よ》ぎる何かに出会」える。「評論」の書き手がそういう瞬間を獲得したかどうかは、その人の書く「評論の文章そのもの」に張りや「弾み」のようなものがあるかどうかという「違い」となって表れてくると筆者はいうのです。

Ⅱ「文学」への目覚め（L51〜ラスト）

筆者は、自分の中に「理性と感性という相容《い》れないもの」（L58）があると意識するようになりました。この二つのものに「折り合い」をつけてくれるものはないだろうか？　そう考えて、筆者は人間の「賢さ」＝「叡智」に救いを求めます。

そして出会ったのが『西洋哲学史要』という本でした。でもその本は、「折り合い」をつけてくれるのではなく、この世に「不変」、「絶対」などというものがない

12

ことを思い知らせるものでした。ふつうだったらここで「チェッ」とか思うところですが、筆者は「折り合い」をつけようとしたこと自体がいけなかったのだと思い、自分が「安直」だったと反省します。そして自分の中の「理性と感性」だけではなく、「世界」との「折り合い」を探る方向へと自分の道を転換します。ここで折り合いを「つける」ことと、「探る」こととが違うこととして語られているところに着目してください。折り合いを「つける」というのは、解決を求めることです。それに対して「探る」というのは、二つのものの正体とその関係を見極めるということですから、解決を見つけるということを目的としているわけではありません。

そしてそうした探究の中で、筆者は「言葉で生きる人間のよろこび」を知ります。探究すること自体が言葉による営みですから、そのこと自体にのめりこんでいったということです。ここまで来れば「文学への目覚め」はもうすぐでしょう。そのきっかけは、文学とは直接関係のない『西洋哲学史要』だったのですが、そこにあった「叡智」は、「歴史」を見つめた「人間の目の歴史」（L73）でもあったのです。ここでIの「見る」ことと話がつながった！と思えたらナイスです。そして人間は「目に見えないもの」も「見る」。それは「歴史」も「文学」も同じだ、と筆者はいおうとしています。

テーマ 小説について

小説では誰の視点から描かれているのか、ということがとても重要です。たとえば①作家が小説世界を統括する「超越的視点」＝登場人物が三人称で描かれる。②「私」という一人称が視点人物である、などをきちんと意識して読みましょう。

また表現の仕方を意識できるようになることも大切です。たとえば①「象徴的な表現」＝直接心情や言いたいことを述べず、風景描写などでそれを暗示する。②「写実的な表現」＝目に見えるありのままを感情を交えずに微細に描いていく。③「抒情《じょじょう》（叙情）的な＝感傷的な表現」＝感情・感動・心理を詩情豊かに描いていく。④「幻想的（視覚的）な表現」＝非現実的な感覚や情景を描く、などを自分で判断できるようになりましょう。

ひとこと要約

人間にとって、「見る」ことは大切だ。

200字要約

満点30点

小説を書き出して評論の癖が抜けず困ったが、小説も評論も事物を「見る」力が必要であることがわかった。「見る」ということでいえば、少女の頃、自分の中の理性と感性という相容れないものを意識し、『西洋哲学史要』という本に出会ったが、この本は絶対ということを否定し、目に見えないものを見ることの重要さを教えた。それは文学への目覚めをもたらしたが、見ることの怠慢は人間の生きかた自体となりあらわれてくるのである。(200字)

＊a…同様の内容があればよい。「壁を感じた」は比喩的なので2点減。
＊a…「抽象と具象の間で悩んだ」なども可。
＊b…「杜撰なものの見方はいけない」なども可。
＊c…単に「自由と不自由を意識した」など「相容れない」という内容がないものは不可。
＊h…単に「目の怠慢を許してはならない」はbとして2点(h不可)。

a〜d・g・h…4点/e・f…3点

設問LECTURE

問一 漢字問題(書き取り)

解答 甲 到来　乙 器

問二 傍線部の理由説明問題

傍線部1の「結論めいた文章」を書くのが「評論」です。今筆者が書いているのは「小説」です。つまり傍線部には

・分析し、結論を書くという論理的な評論
⇔
・結論や抽象的、論理的なものを必要としない小説

という対立が含まれており、それが筆者を悩ませていた〈理由〉です。

ですから**正解はオ**。右の対比を的確に説明しています。

アは「理性の存在を結論に明示する」という部分が、問題文にナシ。イ チョイマヨ は後半部がおかしい。後半部は問題文に書かれていないともいえますが、筆者は小説を書いていて悩んでいるのです。だから「小説」の方向性

を打ち出さなくてはなりません。なのに「どちらかの方向性を明確にすることが困難になってしまった」という説明だと、「評論」の方向性が「明確」になってもいいことになります。**ウ**は「融合」がおかしい。「矛盾」はしてないと書かれていますが、二つが一緒になって「融合」したとは書かれてません。**エ**は後半が「評論」の書きかたですから、イイカエると、「小説」を「評論」のように書けなかった、ということになります。筆者は「評論」では書けないものを書きたくて、「小説」を書き始めたのです。その「小説」が「評論」と同じになることを望んでいるわけではありません。

解答 オ

問三　空欄補充問題

空欄**A**には「謙虚」と並列されるものが入る。それも本を読むときの態度（**a**）として、一見「謙虚」と「矛盾するよう」に考えられるものです。

梅 POINT　対比の文脈にある空欄には、対比がより明確になる語句を入れるべし。

だから「謙虚」と対比される語句（**b**）が正解です。ただしここでいう「謙虚」とは、「テキスト」に向き合うことですが、そのときになにか「目的」（L44）をもって読んでやろうというような下心があると、「謙虚」じゃないですね。だからこの「謙虚」は無心という感じでもあるのです。すると**b**は逆に**能動的な姿勢**、というイメージです。

ただしこの設問はあまり手がかりがないので、右のことを踏まえて、消去法で考えたほうがいいでしょう。

アの「平明」や**エ**の「聞き入ろうとする受け入れ態勢」は、「謙虚」と同じような意味をもつので、〈対比〉が作れません。**イ**の「抽象性」は、「文章」に対する態度を表せません。**オ**の「具象に戻る作業を繰り返す辿々《たどたど》しさ」も、ある種の誠実な態度です。なのでやはり「謙虚」と〈対比〉を作れません。

ウの「直観」は**a**にも合致するし、「ひらめき」というのは、能動的な姿勢で読んでいたからゲットできた、とも考えられます。すると**b**にも合致し、無心の「謙虚」さと〈対比〉できます。なので、**ウが正解**です。

ムズ

解答 ウ

問四 **傍線部の内容説明問題**

梅 POINT **比喩説明は傍線部内容説明問題の変形バージョン。イイカエを重視すべし。**

傍線部**2**の「ほどに応じた」という部分はわかりづらいです。「ほど」はふつうは〈程度〉という意味です。この場合は、自分に関係する「ほど」なのでしょうが、それが何の〈程度〉なのかがはっきりしません。読みの段階の〈程度〉なのか、「聞《きこ》えてくるもの」(L46)の「程度」なのか、それとも単に〈適度〉という意味なのか。

それにこの「ほど」は「土壌」にかかるのか、「耕し」にかかるのか、それを判断する決定的な根拠もない。

とりあえず無難に**〈a 我が身のレベルに対応した適度の〉**と理解しておきましょう。

ではつぎに「土壌の耕しを怠ら」ないという部分はどうでしょう?

「土壌」とは〈作物を育てる土地。物事を生じさせる環境・条件〉という意味です。傍線部の主語は、「文章に集中すれば」という傍線部のあとの述語を見ると、〈文章を読む人〉だと判断できます。その人は「ひらめき」のような「何か」と出会おうとしている人です。なので「土壌」とは、〈作物〉として「ひらめき」のような「何か」を実らせようとしている〈文章を読む人〉自身のことだと考えられます。

ではその人は、どのようにしたら「ひらめき」のような「何か」を実らせることができるのでしょうか? それは「耕しを怠ら」ないことによってです。〈文章を読む人〉は、「聞き入ろうとする自分」(L46)と同じ人物です。その人は「ただただ消極的に文章に対していればよい」のではなく、「受け入れ態勢」を整えなければならない。それは「仕込みの粗密(=読書によってどれだけのものを自分が身につけたか、知識や認識が密度の薄いものであるか、濃いものであるか)」に関係する。「仕込み」をすることと「耕しを怠ら」ないことは、同じ文章を読む人が行うのだから、同じようなことのはずです。ふつう「仕込み」は〈桶《おけ》などに詰めること。教えること。身につけること〉などの意味がありますが、この場合の「仕込み」は「文章」の「受け入れ態勢」と関連

12

し、そこから「聞えてくるものの種類、程度」を左右するのですから、文章を読む人がどれだけ、書物自体をきちんと読む訓練を積み重ねてきたか、書物に対する態度を育んできたか、ということ、つまり**〈b 読書経験の積み重ね〉**ということだと考えられます。だから「耕しを怠らず」も**b**のような意味です。

傍線部後半の「無目的の状態」は、**〈c 安易な答えを求めない、無心の状態〉**だと考えればいいでしょう。

すると傍線部は**〈自分のレベルに合わせて読書経験を積み重ね、安易な答えを求めず、無心になれば〉**というふうに、イイカエることができます。すると**正解はウ**。「教養をつちかう」は**b**と一致します。「虚心」は〈素直な心〉だから「無目的」＝**c**と対応します。

アは「自身の事物の見方に限りがない」が右に述べたことと合致しません。また〈限りがないからボチボチやろう〉というふうにも解釈できます。するとそれは消極的で、「怠ら」ないという、傍線部の積極的な姿勢とズレます。また、「自身の事物の見方に限りがない」という表現は、解釈によっては、私は無限の可能性を秘めている、というような意味になりますから、「謙虚」な**a**のニュアンスと逆方向。

イは前半が「無目的」＝**c**と×。**エ**の「批判的に把握しよう」、**オ**の「構築しようとして」が両方とも「無目的」＝**c**と×。

解答 ウ

問五 傍線部の内容説明問題

『西洋哲学史要』について書いてあるところをピックアップすると以下のようになります。

a 叡智の限り（＝限界）を思い知らされた（L67）
b 不動、不変、絶対の叡智はないと知らされた（L69）
c 文学に目覚めさせてくれた（L72）
d 目に見えないものを見ることも重要だと示唆した（L74）

すると**正解はア**。**a**と**b**に一致しています。

イは後半部がナシ。**ウ**「緊張を解消して」も問題文にナシ。**エ**は「絶対的なものへの憧憬（＝あこがれ）……学ばせてくれた」という部分が**a・b**と×。**オ**も「本質的な不安を解消する……くれた」が**a・b**と×です。筆者は「不安を解消」しようとしたこと自体が誤りだった

ことに、この本で気づかされたのです。　解答 ア

問六　**内容合致問題**

ア…「折り合いをつけるために文学を志す」が×。筆者は「折り合いをつける」のではなく、「折り合いを探る方向」（L71）へ向かったのです。この二つのことが違うことは**「問題文LECTURE」**でも説明しました。

イ…後半部が問題文にナシ。

ウ…「評論では……『見る』習慣、『見る』力の必要については、小説の場合と全く同じ」（L28）と一致します。「評論」も「小説」も「書く」ものですから、『書く』は『見る』に支えられている」も○。なので**ウが正解**。

エ…「常に文学から何かを得ようとしなければならない」という部分が「無目的の状態」（傍線部2）がいいと書いてあることと×。

オ…「感動」は「評論」にも「小説」にもある（L12・L31）のに、「小説」にだけ「感動」があるかのような説明だし、「接点を特に意識したのは小説の根底に存在する感動に気づいたとき」も問題文にナシ。　解答 ウ

問七　**文学史問題**

「原爆を題材にした小説」の代表作が井伏鱒二《いぶせますじ》の『黒い雨』。まだ文学史やってない人は×でも仕方ないです。

大ムズ　解答 1 オ　2 黒い雨

12

大学入試　全レベル問題集　現代文　⑤私大最難関レベル（本冊）　　　　S2e037